Glaubensinformation

Ladislaus Boros
Geborgene Existenz
Band 512 · · 128 Seiten

Walter Nigg
Die Heiligen kommen wieder
Band 468 · · 160 Seiten, 4. Aufl.

Karl Rahner
Strukturwandel der Kirche
als Aufgabe und Chance
Band 446 · 144 Seiten, 3. Aufl.

Karl Rahner
Chancen des Glaubens
Band 389 · · 256 Seiten, 2. Aufl.

Wozu leben – wozu glauben?
Antwortversuche auf drängende
Erfahrungen in unserer Zeit
Band 524 : : :. 256 Seiten

in der Herderbücherei

Herderbücherei

Band 550

Über das Buch

Es ist keine Selbstverständlichkeit, an Gott zu glauben. Ideologien, Schlagworte, Irrtümer und Vorurteile haben heute viele Menschen verunsichert.
Andererseits können wir täglich erfahren, wie stark das Interesse an religiösen Fragen ist:
Man will wissen, was das Christentum will, was es als Wahrheit vertritt, wie es sich mit der Naturwissenschaft auseinandersetzt oder was es für den Sinn des Lebens hält. Der Informationsrückstand ist erheblich.
Darum wollen die Autoren dieses Buches in 17 Briefen darüber Auskunft geben, wie sie den christlichen Glauben verstehen und erklären und was er für ihr eigenes Leben sowie für die Aktionen ihrer Gruppe bedeutet.
Das Buch soll eine Informations- und Glaubenshilfe sein: sowohl für die eigene Orientierung als auch für Gespräche mit anderen.

Über die Herausgeber

Die „Projektgruppe Glaubensinformation" ist ein Zusammenschluß von Christen verschiedener Berufe.
Da ist Prof. Thielicke, da sind Pastoren, Lehrerinnen, Hausfrauen und Studenten. In den sechs Jahren ihres Bestehens hat die Gruppe einiges unternommen: Eine große Vortrags- und Diskussionsreihe, die Unterstützung gefährdeter Jugendlicher, handfeste Arbeit im Gefängnis und an Entlassenen sowie die bundesweite Briefaktion unter dem Motto: „Wer glaubt, denkt weiter."
Die Projektgruppe ist keine Institution. Ihre Mitglieder arbeiten ehrenamtlich, ihre Zusammensetzung und ihre Arbeitsgebiete wechseln. Gleichbleibend und immer neu ist aber der Versuch, in verschiedenen Aktionen aufzuzeigen, daß christlicher Glaube den ganzen Menschen in seinem Denken, Fühlen und Handeln befreien und engagieren will.

Wer glaubt, denkt weiter

Briefkurs für fragende Menschen

Herausgegeben
von der Projektgruppe
Glaubensinformation

Mit einem Vorwort von
Helmut Thielicke

Herderbücherei

Herder Freiburg · Basel · Wien
Freiburger Graphische Betriebe 1976
ISBN 3-451-07550-4

Inhalt

Vorgespräch mit dem Leser

Seit einigen Jahren ist gerade in der jüngeren Generation so etwas wie ein „Geist der Diskussion“ ausgebrochen. Ich finde, daß dieser Geist in vielem etwas Befreiendes hat. Man will nicht nur angepredigt und andoziert werden, sondern möchte als mündiger Gesprächspartner respektiert sein. Man liebt es, provozierende Thesen aufzustellen, den andern mit Reizworten anzufunkeln (vielleicht nur, um ihn aus seiner Reserve herauszulocken) und alles zu „hinterfragen“.

Auch *religiöse Themen* bilden ein beliebtes Manöverfeld dieses Diskussionsgeistes: Die Gestalt Jesu taucht auf Bühnen und Bildschirmen als „Superstar“ auf – aber hat sie je gelebt? Darüber müßte man reden.

Im Westen leeren sich die Kirchen; in der Sowjetunion, dem Heimatland des Atheismus, schwellen die Scharen der Kirchenbesucher neu an – welcher Widerspruch! Worauf deuten diese Zeichen? Darüber müßte man reden.

Es gibt Selbstmorde – nicht, weil man zuwenig Geld hätte oder unter Liebeskummer litte, sondern weil man den Sinn des Lebens verloren hat und sich mit der schwarzen Wand konfrontiert sieht. Hat dieser Sinn des Lebens etwas mit Gott zu tun? Falls ja: warum reden die Kirchen dann nur von ihren Dogmen (tun sie das wirklich?) statt von diesem Thema, das mich bedrängt? Darüber müßte man reden.

Das Fernsehen holt mir die ganze Welt in meine Stube: Ich sehe christliche Mönche und gelbgewandete buddhistische Priester; ich erlebe mit, wie der Papst eine Ostermesse zelebriert und um Frieden betet, während in Irland die Konfessionen sich in friedlosem Haß gegenüberstehen; ich werde Zeuge von schwarzen Messen und ekstatischen Zungenrednern ... wer hat recht in diesem Wirrwarr der Stimmen? Wie soll ich mich zurechtfinden und zwischen Licht und Irrlicht unterscheiden können? Mich beelendet der Gedanke, daß alles nur relativ sei und daß es sinnlose Liebesmüh wäre, nach absoluter Wahrheit und einem festen Lebensgrund zu fragen. Darüber müßte man reden.

Wahrlich: Fragen über Fragen, Themen über Themen, die nach Diskussion und Klärung schreien, die geistigen Sprengstoff noch und noch enthalten.

Und doch verpufft das alles sehr schnell. Um diskutieren zu können, müßte ich nämlich ein paar Kenntnisse haben, müßte wissen, was das Christentum überhaupt will, was es über eine Gestalt wie Jesus von Nazareth sagt, wie es die andern Religionen versteht (als Konkurrenten, als Gesprächspartner oder als Teufelsspuk?)... und vieles andere. Aber ich weiß das alles eben *nicht*. So werde ich ein Opfer von gängigen Schlagworten, schiefen Fronten und falschen Alternativen. Ich schalte mich in den bekannten Sprechchor des Zeitgeistes ein, der da gegeneinander ausspielt:
die moderne Wissenschaft gegen Glauben und Aberglauben,
die Nächstenliebe gegen den Dogmenkram,
Lebensbejahung gegen Jammertal-Melancholie,
Aktivierung der eigenen kreativen Kräfte gegen demütig-passiven Gnadenempfang...
übernommene Phrasen dieser Art, die vorne und hinten nicht stimmen, ermüden sehr schnell. Am wichtigsten wäre es, zunächst diese Fehler herauszufinden und ernsthafte Fragestellungen zu finden.

Um mitreden (also diskutieren) zu können, muß man jedenfalls gewisse Grundmaterialien kennen, *über* die man reden will.

Dies ist nun ein Sachbuch, das dazu verhelfen möchte. Vielleicht hat es aber noch eine bessere Funktion als die der bloßen Diskussionshilfe, jedenfalls ist das unser Wunsch: Vielleicht geht dem einen oder andern Leser über der Beschäftigung mit dem Glauben eine neue Welt auf, eine Welt, in der er vor allem sein *eigenes* Leben ansiedeln, der er es anvertrauen möchte.

Dieses Buch ist von jungen Leuten geschrieben worden, die sich seit Jahren um solche Themen gesammelt und sich auch diskutierend zusammengerauft haben. Das Nachwort von Hinrich Westphal erzählt Ihnen einiges von diesem Kreis und seiner Arbeit. Hier davon nur soviel:

Im Zuge unserer Unternehmungen tauchte der Gedanke auf, einen Fernkurs über Glaubensfragen in Gestalt von Lehrbriefen zu veranstalten. Unsere Gemeinschaft wurde nämlich immer wieder mit Glaubensfragen bestürmt (von jungen Menschen, Schulklassen, Jugendgruppen, aber auch von Menschen im Beruf und aus Altersheimen), und wir meinten, es wäre gut, diese Aufgabe einmal systematisch anzupacken.

Diese Lehrbriefe hat unsere „Projektgruppe Glaubensinformation" dann in gemeinsamer Arbeit erstellt.

Sie schlugen in einer Weise ein, die wir nie für möglich gehalten hätten: Nicht nur die Zeitungen und das Fernsehen berichteten darüber, auch die Flut der Bestellungen stieg höher und höher, so daß die Auflage nach kaum anderthalb Jahren schon eine Viertelmillion erreichte. Und wenn man die Zahl der Einzelbriefe errechnen will, muß man das noch einmal mit sechzehn multiplizieren. Allenthalben bildeten sich Gruppen, die die Briefe miteinander studierten, es kam zu Wochenendfreizeiten, auf denen man sie las, zu Vortrags- und Verkündigungsreihen, denen sie zugrunde gelegt wurden. Sie wurden und werden ins Englische, Japanische, Portugiesische und Niederländische übersetzt. Das alles war uns ein Zeichen, wie groß der Hunger nach Information ist und wie sehr die Frage nach dem Glauben die Menschen beschäftigt: junge Eltern, Schüler und auch alte Menschen. Wir freuen uns, daß durch diese Briefe Gemeinschaften entstanden sind, die sich um Wesentliches sammeln und dabei auch menschlich bereichert wurden und sich glücklich fühlen.

Dieses Buch bringt nun unsere Briefe im handlichen Format eines Taschenbuches. Wir wünschen uns, daß sie auch in dieser Gestalt noch einmal helfen und anregen. Der Glaube ist eine Sache, über die nachzudenken sich lohnt. Wer glaubt, denkt weiter.

Juli 1975 Helmut Thielicke

Der Redaktionskreis der „Projektgruppe Glaubensinformation" Foto: Albrecht Westphal

Brief 1:

Die geheime Frage nach Gott

Liebe Kursteilnehmer,
In diesem Brief geben wir Ihnen eine allgemeine Orientierung über die religiöse Lage der Gegenwart. Ob Sie Ihre eigenen Fragen darin wiedererkennen? – Zuvor noch ein technischer Vorschlag: Machen Sie sich bitte beim Lesen der Briefe Notizen und Randbemerkungen und sprechen Sie auch mit anderen über Ihre Fragen.

Glauben heißt nicht, den Denkapparat abschalten

In diesen Briefen sollen intellektuelle Zweifel eine große Rolle spielen. Wir wollen nicht versuchen, Sie in den Kindergarten des Glaubens zurückzulotsen. Wir wollen Ihnen auch keine unerlaubte Naivität zumuten. Wir sprechen Sie vielmehr als kritischen Partner an.

Wir möchten nicht, daß Sie aus Lebensmüdigkeit und Resignation in den Glauben *fliehen*, sondern daß Sie ehrlich und kritisch mitdenkend nach ihm *suchen*.

Und eben deshalb möchten wir Sie bitten: Nehmen Sie um der Wahrheit willen ja nicht alles unkritisch an, was wir Ihnen hier vorsetzen. Simone Weil, die große katholische Philosophin, die im Dienst an den Ärmsten mit 34 Jahren während des letzten Krieges freiwillig verhungerte, hat dazu ein sehr tiefes Wort gesagt: „Es scheint mir gewiß, daß man Gott niemals genug widerstehen kann (!), wenn es aus reiner Sorge um die Wahrheit geschieht. Christus liebt es, daß man ihm die Wahrheit vorzieht. Denn ehe er Christus ist, ist er die Wahrheit. Wendet man sich aber von ihm ab, um der Wahrheit nachzugehen, so wird man keine weite Strecke gehen, ohne ihm in die Arme zu stürzen.“

Das neuerwachte Interesse an religiösen Fragen

Es wird oft die Meinung vertreten, wir lebten in einer religionslosen, an Glaubensfragen völlig uninteressierten Zeit. Selbst der sehr zu respektierende Dietrich Bonhoeffer gab diese Diagnose aus. Wir halten das Gegenteil für richtig. Es stimmt zwar – aus Gründen, die später noch zur Sprache kommen werden –, *daß viele zur institutionellen Kirche ein zunehmend distanziertes Verhältnis haben. Dem entspricht aber auf der anderen Seite eine gegenläufige Bewegung: nämlich eine Steigerung des religiösen Interesses.* Das mag Ihnen als eine ziemlich waghalsige Behauptung erscheinen. Darum müssen wir diesen Satz genauer begründen: Es ist Ihnen gewiß schon aufgefallen, daß Zeitungen, Illustrierte und Magazine enorm viele religiöse Themen behandeln, oft natürlich mit einer gewissen Anti-Haltung, aber immerhin! – Die Älteren unter unseren Lesern werden sich nicht erinnern können, in früheren Jahrzehnten ähnliches als publizistische Lesekost vorgesetzt bekommen zu haben. Wir greifen nur als *ein* Beispiel unter vielen die Berichterstattung über die Jesus-People heraus. Sie hat Schlagzeilen gemacht. Und wie viele Rezensions- und Leserbrief-Spalten sind durch die Musicals „Godspell“ und „Jesus Christ Superstar“ ausgefüllt worden! Wieviel mehr oder weniger abenteuerliche Artikelserien, ernsthafte und weniger ernsthafte Bücher sind auch über die Frage des „historischen Jesus“ erschienen, wie hat man die vermutlich „kirchlichen Übermalungen“ abzukratzen sich bemüht, um das ursprüngliche Bild erscheinen zu lassen! Hier scheint doch ein Nerv bei unseren Zeitgenossen getroffen zu sein, der bei der geringsten Berührung zuckt.

Und doch sind solche Erscheinungen nicht einmal das entscheidende Symptom für das, was wir unter dem steigenden Interesse an der religiösen Frage verstehen.

Die Frage nach Gott um drei Ecken herum

Was ist denn überhaupt eine „religiöse Frage?“ Darüber müssen wir zunächst einen Augenblick nachdenken.

Eine religiöse Frage kann unter vielen verschiedenen Masken erscheinen. Luthers religiöse Frage lautete: „Wie bekomme ich einen gnädigen Gott?“ So fragen *wir* heute ganz bestimmt *nicht*.

Oder haben Sie diese Frage schon einmal an Ihrem Stammtisch oder in einem Café gehört? *Uns Heutige beschäftigt eher die Frage: „Wo bleibt Gott? Gibt es ihn überhaupt?“* Diese Frage drängt sich uns zum Beispiel auf, wenn wir im Fernsehen verbrannte und zerschossene Kinder in Indochina sehen, wenn wir von der Nachricht des letzten Flugzeugabsturzes erschüttert sind oder wenn ein uns nahestehender Mensch, den wir dringend brauchen, an tödlichem Krebs erkrankt.

Vermutlich werden Sie uns entgegenhalten, daß viele Menschen noch nicht einmal diese Frage „Wo bleibt Gott?“ stellen, daß sie vielmehr jene Bilder sinnloser Verwüstung nur fatalistisch hinnehmen, ohne groß darüber nachzudenken – gleichsam wie Tiere, die sich einfach totstellen. Da ist dann doch von einem religiösen Fragen rein gar nichts zu spüren, oder –? Doch, es ist! Man muß sich eben nur klarmachen, was unter einer religiösen Frage zu verstehen ist. Dann stellt sich vielleicht heraus, daß diese Frage oft hinter ganz anderslautenden Äußerungen versteckt ist, daß sie auch „chiffriert“, verschlüsselt auftauchen kann.

Wenn wir bestimmen wollen, was eine religiöse Frage ist, sehen wir zunächst einmal ganz ab von allen inhaltlichen Aussagen, z.B. von Aussagen über Gott, Christus, Vergebung, Evangelium ... Wir meinen mit dem Religiösen zunächst nur etwas ganz Formales: daß der Mensch nämlich nach irgend etwas fragt, was sein Leben trägt, was diesem Leben Sinn gibt und was ihm also sagt, wofür er überhaupt lebt.

Die Frage nach dem Ziel unseres Lebens

Wer abends ins Kino geht, fragt: Was wird gespielt? Lohnt es sich, hinzugehen? Wer etwas wählerisch ist und genauer Bescheid weiß, fragt sogar: Wer spielt mit? Wer ist der Regisseur? Wer von uns hätte dieselbe Frage (Was wird gespielt? Lohnt es sich überhaupt?) nicht auch schon beim Film seines eigenen Lebens gestellt? Wir lassen doch unser Leben nicht einfach passiv über uns ergehen, wir „ergreifen“ es doch. Ich muß z.B. als junger Mensch etwas „werden“, ich muß ein Ziel haben. Wenn ich ernsthaft nach einem solchen Ziel frage, dann genügt es nicht, nur Geld verdienen oder eine angesehene Stellung haben zu wollen. Wie viele Leute, die es dazu gebracht haben, sind dennoch völlig leer ausgegangen. Als sie Rentner wurden, waren sie verzweifelt, weil sie nichts mehr zu tun hatten und nichts mehr mit sich anzufangen wußten. Was ist das Leben denn noch ohne Arbeit? Was bin ich denn noch ohne meine Funktionen?

Wer nicht die „letzte“ Frage stellt, wofür er überhaupt lebt und ob es sich lohnt, hat sein Ziel verfehlt. Man kann diese Frage nicht früh genug stellen. Im Pensionsalter ist es dafür reichlich spät, in vielen Fällen fast zu spät.

Der zu hohe Anspruch an das Leben

Aber wie viele oder wie wenige Leute fragen denn nach diesem letzten Ziel? Sind die meisten nicht viel zu oberflächlich? – Vorsicht, hier könnte der Schein erheblich trügen! Auch wer über diese Frage nicht ausdrücklich reflektiert oder sich mit anderen darüber unterhält, schlägt sich doch im geheimen mit ihr herum. Uns ist das z.B. beim Umgang mit rauschgiftsüchtigen Jugendlichen klargeworden, obwohl man bei denen eine solche Frage wohl am allerwenigsten vermuten möchte.

Denn sie scheinen doch bloß dahinzudämmern und jeder aktiven oder gedanklichen Auseinandersetzung mit dem Leben entsagt zu haben. Aber bitte: *Warum* sind sie denn in den Rausch geflohen? *Warum* suchen sie „Bewußtseinserweiterung" durch die Droge? Doch nicht zuletzt deshalb, weil ihr normales Leben sie nicht befriedigte, weil es sie langweilte, „ankotzte" und weil ihnen all das Produzieren und Konsumieren materieller Güter in unserer Gesellschaft zum Halse heraushing. So emigrierten sie in eine trügerische Scheinwelt, die ihnen Erfüllung zu schenken vorgab und die Fata morgana eines befreiten, schwerelosen Lebens vorgaukelte. Sie suchten nach etwas, worauf sie keine Antwort erhielten. Darum verlegten sie ihr Suchen und Fragen in den Bereich der Drogen, wo es eingeschläfert wird und schließlich erlischt.

Könnte das nicht ein Beispiel dafür sein, *daß man einen hohen Anspruch an das Leben stellte, dem dieses Leben nicht gerecht wurde?* Daß man einen „Sinn" in ihm suchte, den es nicht hergab, und daß man sich deshalb angewidert von ihm abwandte? Und wenn es so ist: Wäre das dann nicht eine solche *chiffrierte religiöse Frage*, ein Versuch also, dem Leben so oder so einen Inhalt abzugewinnen, den es mir versagt, den es aber haben müßte, wenn es den Namen „Leben" verdienen soll?

Ja, wir verlangen vom Leben, daß es einen Sinn hat, selbst wenn wir das Wort Sinn nie in den Mund nahmen. Sogar die Nihilisten, die alles für absurd halten, gehen davon aus und suchen paradoxerweise – wie etwa Albert Camus – selbst in der Sinnlosigkeit noch irgendeinen Sinn zu finden. Wir werden diese Frage nicht los, weil wir Menschen sind.

Vielleicht erscheint Ihnen die Verborgenheit dieser religiösen Frage, dieser Frage „um drei Ecken herum“ verwunderlich. Vielleicht hegen Sie sogar den Verdacht, wir möchten ohne Rücksicht auf Verluste und natürlich auch ohne Rücksicht auf die Wahrheit jede, aber auch jede weltanschauliche Position für unsere „religiösen Zwecke“ vereinnahmen. Darum wollen wir noch ein wenig mehr mit Ihnen darüber reden. Wir möchten Ihnen nämlich zeigen, wie diese Frage selbst im Bereich des kommunistischen Atheismus eine Rolle spielt.

Die religiöse Frage im Kraftfeld des Atheismus

In einer atheistischen, in Moskau erscheinenden Monatsschrift finden sich folgende Sätze in einem Leserbrief: „Wenn mein Leben auf der Erde in meiner irdischen Hülle entsteht, sich erfüllt mit Verstand und Empfindungen und das alles dann verschwindet, selbst wenn ich sogar irgendwelche Spuren hinterlasse, die sich aber im Laufe der Zeit verwischen, dann ist dieses Leben eine unerträgliche Absurdität. *Wofür* soll dann der Mensch seinen ihm gegebenen Verstand ausbilden und seine Empfindungen entfalten, wenn er aus dem ‚Nichts‘ entstanden ist und ... sich in ein Nichts verwandelt? *Wofür* sollte ich ein vergängliches Bewußtsein meines Daseins haben, wenn ich in diesem kurzen Augenblick Myriaden Himmelslichter sah, lernte zu addieren und zu dividieren bis zur Unendlichkeit, Höhe und Abgrund zu empfinden, Entzücken und Grauen zu erleben, mich an der Schönheit zu erfreuen, mich am Schöpferischen zu berauschen und selbstlos zu lieben ...?“ Wozu dann alles?

Noch viel mehr als dieser Leserbrief aus Moskau geht Ihnen vielleicht unter die Haut, was der Prager marxistische Philosoph Milan Machovec in seinem Buch „Vom Sinn des menschlichen Lebens“ über das Beten sagt. Machovec geht von der Beobachtung aus, daß die meisten Menschen unter der Leere ihres Lebens leiden und sich deshalb „von einer Unterhaltung in die andere, von einer Tätigkeit in die andere stürzen“. Gleichwohl hören sie nicht auf zu klagen, weil sie dadurch ihre Leere und Langeweile nicht abschütteln können. „Ein solcher Mensch lebt“, sagt Machovec, „ohne den inneren Dialog, also eigentlich ohne sich selbst.“ Der Mensch von einst habe sich den inneren Dialog durch die Religion gesichert. Mochte er sich auch nur einbilden, in seinem Gebet mit Gott zu sprechen, so gewann er dadurch „in Wirklichkeit ... eben doch diesen *inneren*

Dialog, der ihm ermöglichte, sein Leben zu bewältigen, sein Ich nicht in äußerlichen Dingen aufgehen zu lassen ..." Wenn nun seine intellektuelle Aufklärung, die ihm den Gottesglauben von einst (angeblich) nicht mehr möglich macht, bloß zur negativen Absage an den Glauben führt, kommt es zu einer „gewissen Verarmung": „Wenn der moderne Mensch das Gebet nur einfach aus dem Leben streicht, ohne das Menschliche, das im Gebet oft enthalten war, zu demystifizieren und zu befreien, dann verliert er den inneren Dialog mit sich selbst". Dann verliert er sich in Funktionen und in Dinglich-Äußerem. Darum sollte er alles tun, damit er „nicht unter jenes menschliche Niveau sinkt, das – wenn auch in mystifizierter Gestalt – mit dem Gebet als Dialog gegeben war".

Bedenken Sie bitte einen Augenblick, wie Machovec hier vom Beten spricht. Er selbst hat ja alle Brücken zum Christentum und zur Religion überhaupt hinter sich abgebrochen. Er meint in der in sich ruhenden und nach oben verschlossenen Endlichkeit zu leben. Und obwohl er sich so total emanzipiert und von allem Überweltlichen losgesagt hat, wird er die Frage nach dem letzten tragenden Grunde des Lebens nicht los.

Er kann zwar nicht mehr beten, weil er um keinen Gott weiß, den er anreden könnte. Aber er blickt fast mit Neid auf die Leute, die beten können. Sie scheinen sich den Adressaten ihrer Gebete allerdings nur einzubilden. Inmitten dieser ihrer „Illusion" aber besitzen sie eben doch jenes allermenschlichste Wissen um den letzten Grund des Lebens. Und Machovec meint, die Substanz des menschlichen Wesens müsse zerbrechen, wenn man jenes Wissen verlöre.

Und dann spricht Machovec einen erstaunlichen Satz aus: „*Im Vergleich mit dem modernen Menschen ist der mittelalterliche, seinen Meditationen hingegebene Mönch, was den Einstieg in den inneren Dialog betrifft, eigentlich fortgeschrittener.*"

Zusammenfassung und Ergebnis

Auch in einem Menschen, der allem Glauben abgesagt hat oder für den dieser Glaube gleichgültig und nichtssagend ist, leben die „letzten" Fragen nach Grund, Ziel und Sinn unseres Lebens. Sie sind unzerstörbar und rumoren weiter im Hintergrund seines Ichs. Sie verraten sich oft genug negativ in Lebensüberdruß und Langeweile. Gerade dieser Leerlauf, unter dem viele leiden, ist nur ein Zeichen dafür, daß man Ansprüche an das Leben stellt, denen dieses Leben nicht gerecht wird. Oft werden solche Ansprüche nicht programmatisch, nicht in ausdrücklichen Worten gestellt, sondern sie bleiben in der Zone des Unbewußten und Unausgesprochenen.

Eine nachdenkliche Frage am Schluß

Die Frage, auf die alles ankommt, ist nun: *Gibt es, wie Machovec meinte, einen Ersatz für den Glauben an Gott?*

Können wir den Dialog mit uns selbst führen, ohne einen Dialog mit Gott erlebt zu haben? Geht es auch ohne die Einübung im Gebet? Ist denn nicht längst der „achte Schöpfungstag" angebrochen, in dem der Mensch als Juniorchef der einst göttlichen Weltfirma den „Alten" abgelöst und die Zügel des Weltlaufs in *seine* Hand genommen hat? Ist dieser Mensch nun nicht der große Weltingenieur geworden? Ist nicht alles für ihn machbar? Fährt er nicht mit seinen Weltraumschiffen in jene Sphären, die einst als himmlische Wohnstatt Gottes galten? Wird er nicht bald auch das Leben synthetisch herstellen können? Ist er nicht der Nachfolge-Gott, der „zweite Schöpfer", während der „erste" zum alten Eisen geworfen wurde?

Aber: ist er *wirklich* diese imposante Figur? Bleibt er nicht in all seinem Komfort und seiner Zivilisationsherrlichkeit ein Mensch wie eh und je, ein Mensch, dessen Leben leer und unerfüllt bleiben kann, der scheitert und „weiter von dem Ziele kommt", der „unbefriedigt jeden Augenblick" ist, dessen Gewissen durch die Schuldfrage beunruhigt bleibt und der schließlich sterben muß?

Das Evangelium sagt uns, daß es eine Antwort auf diese Fragen gibt, ja, daß es eine verwandelnde und umstürzende Macht gibt, die unser Leben in allen seinen Bereichen ändern und auf neuen Grund stellen kann.

So hängt alles an der Frage, ob es einen Weg gibt, der über jene Ersatzlösungen hinausführt, wie sie dem so überaus reelen Denker Machovec vorschweben, ob wir also – um es nun wirklich in Klartext zu sagen – an Gott glauben können oder nicht. Ist unsere Rationalität, ist unsere Aufklärung, ist unser Wissen wirklich die große Blokkade, die uns den Weg zum Glauben versperrt? Ist Gott wirklich nur ein Produkt unserer Phantasie? Oder ist er ein Geheimnis, das wir auch mit unserer Vernunft ständig umkreisen und von dem Paulus einmal gesagt hat, daß der Friede Gottes, „höher" sei als alle Vernunft (Philipperbrief Kap. 4, Vers 7).

Hinweise zur Vertiefung

An dieser Stelle möchten wir Ihnen hier und in den folgenden Briefen Vorschläge machen, wie Sie es vermeiden können, das Dargebotene nur passiv zu „konsumieren“, und wie Sie es statt dessen – am besten in Gruppen – verarbeiten können.

1. *Heute nennen wir Ihnen einige Fragen, die eine Unterhaltung in Gang bringen können:*

a) Stimmt wirklich die Feststellung dieses 1. Briefes, daß ein verborgenes religiöses Interesse – auch in der Jugend – vorliege? Können Sie aus dem Umkreis Ihrer eigenen Beobachtung etwas beibringen, was dafür oder dagegen spricht?

b) Woran mag es liegen, daß demgegenüber eine gewisse Distanzierung zur Kirche (z.B. gegenüber dem Gottesdienstbesuch) zu beobachten ist? Liegt es an der Predigtweise? Oder an der altertümlichen Liturgie? Was müßte man anders machen? Haben Sie Erfahrungen mit neuen Versuchen? Wer hat Zugang zu einem Pfarrer, der für solche Überlegungen aufgeschlossen ist, und wer übernimmt es, einmal mit ihm zu sprechen?

2. *Schlagen Sie bitte im Anschluß an die Lektüre der Briefe einige Stellen in der Bibel nach,* um darüber nachzudenken, was sie für den besprochenen Gedankengang bedeuten. Dafür kommen natürlich in erster Linie die zitierten Stellen in Frage. Zur Ergänzung seien noch ein paar weitere genannt:

a) Psalm 42. Er drückt die geheime Sehnsucht nach Gott aus.

b) Psalm 139 bietet das Urbild eines Dialogs mit Gott, der dann zu einem Dialog mit mir selbst führt: Ich kann mich selbst nur dann erkennen und durchschauen, wenn ich mir klarmache, daß Gott mich längst erkannt und durchschaut hat, daß er besser um mich weiß als ich selbst.

Literatur zum Thema

Peter L. Berger, Auf den Spuren der Engel. Die moderne Gesellschaft und die Wiederentdeckung der Transzendenz (S. Fischer-Verlag). Dieses kleine Buch des großen amerikanischen Soziologen bringt erstaunliche Einsichten in die wiedererwachte Frage nach der letzten Wirklichkeit.

Hans Friedrich Steiner, Marxisten-Leninisten über den Sinn des Lebens (Verlag Driewer, Essen). Dieses Buch bringt in sorgfältiger Quellenarbeit wichtige Zeugnisse über die in der Sowjetunion „schwelende“ religiöse Frage.

Helmut Thielicke, Und wenn Gott wäre … Reden über die Frage nach Gott (Quell-Verlag). In diesem Buch wird anhand biblischer Texte unsere Frage besprochen.

Wie es weitergehen soll

Dieser Brief hat Ihnen gewiß eine Fülle nachdenklicher Überlegungen gebracht. Sie werden deshalb verstehen, daß sich von da aus ganze Kettenreaktionen weiterer Fragen ergeben, z. B. die Frage, wie wir überhaupt von Gott sprechen können. Deshalb beschäftigt sich der nächste Brief mit dem Thema: Gott als „Vater" – die Grenze unserer Begriffe. Damit wollen wir die inhaltliche Darstellung des Glaubens beginnen und hoffen, daß wir mit Ihnen in ein sinnvolles Gespräch kommen werden.

Mit freundlichem Gruß!
Ihre Projektgruppe

Brief 2:

Gott als „Vater" – Die Grenze unserer Begriffe

Liebe Kursteilnehmer,
nachdem wir Sie im letzten Brief auf die versteckte Frage nach Gott aufmerksam gemacht haben, wollen wir uns jetzt der Frage zuwenden, in welcher Weise man heute von Gott reden kann.

Was sollen wir uns unter einem „väterlichen" Gott vorstellen? Darf es überhaupt eine Gottes-Vorstellung geben?

Auf die Frage: Gibt es einen Gott oder ein höheres Wesen?, antworteten bei einer bekannten Emnid-Umfrage 68%, es gäbe Gott. Weitere 22% waren bereit, zuzugeben, daß es ein höheres Wesen gäbe, daß da irgend etwas im Spiel sei, für das sie aber die Bezeichnung „Gott der Vater" nicht anwenden mochten. Kann denn Gott so etwas wie „Person" und „Vater" sein? Muß Gott nicht viel allgemeiner gedacht werden, vielleicht als Idee, als allumfassendes Sein, als absoluter Geist? *Ist es nicht primitiv, die Erhabenheit Gottes gleichsam herunterzuspielen und sie den Denkmöglichkeiten von Kindern anzupassen?*

Vatervorstellung – ein Bild für Kinder?

Hier ist schon gleich am Anfang eine Hemmung zu registrieren.

Einmal liegt diese Hemmung sicher darin, daß viele von Ihnen nicht bereit sein werden, in dieser Frage einfach nur das zu übernehmen, was die christliche Tradition Ihnen an vorgefertigtem Material anbietet. Sie spüren, daß dieses Thema damit noch nicht erledigt ist; Sie sind deshalb – hoffentlich! – nicht bereit, einfach in das Heer der Gedankenlosen, der Angepaßten und bloßen Mitläufer einzutreten. Ein bloßes Nachsprechen von Vokabeln genügt in dieser Angelegenheit zweifellos nicht. In diesem Sinne hat der Theologe

Paul Tillich einmal das harte Urteil gefällt, es könnte auch ein verschleierter Atheismus sein, wenn man bloß so etwas wie die Existenz Gottes behaupte.

Die *andere* Hemmung liegt darin, daß ein allzu naives Reden von Gott dem „Vater" in der Regel schon von einem Kind aus den Angeln gehoben werden kann mit der bloßen Frage: „Wie groß sind eigentlich die Hände vom lieben Gott?"

Daß Gott unser „Vater" sei, ist in mancher Hinsicht tatsächlich eine ganz unangemessene Bezeichnung: Rede ich nämlich von Gott, dem „Vater", von seiner Person also, dann scheine ich damit doch eine Art „Individuum" zu bezeichnen. Tue ich das aber, stelle ich mir unter Gott unwillkürlich eine begrenzte Gestalt mit menschlichen Zügen vor. Das kommt in der Kinderfrage nach der „Handschuhnummer des lieben Gottes" ja drastisch zum Ausdruck. So etwas kann uns gegenüber dem Bild vom Vater in der Tat bedenklich stimmen. Denn ein Gott, der die unendlichen Räume des Alls, die Sonnensysteme ordnen und lenken soll, kann eben nicht begrenzt gedacht werden. Sollte Gott aber deshalb nun eine ins Riesenhafte gesteigerte Vaterfigur sein?

Warum die Bibel trotzdem das Bild vom Vater verwendet

Nach den Aussagen des Alten und Neuen Testaments und auch den Erfahrungen vieler Menschen durchwirkt diese Kraft namens „Gott" (drücken wir uns zunächst ruhig einmal so unbestimmt aus!) eben nicht einfach mechanisch und anonym unsere Welt. Vielmehr war es immer wieder so, *daß Menschen sich herausgefordert wußten von einem Anruf, der sie ganz persönlich und unverwechselbar traf:* „Fürchte dich nicht, denn ich habe dich gerettet; ich habe dich bei deinem Namen gerufen; du bist mein" (Jesaja 43, 1).

Wenn wir also Gott als Person und Vater bezeichnen, dann muß offensichtlich *beides* bedacht werden: Einmal, daß diese Begriffe nur sehr unvollkommene Instrumente für das sind, was wir ausdrücken möchten. Andererseits läßt sich aber nur *mit* diesen Begriffen die Erfahrung festhalten, daß Gott den Menschen Gemeinschaft anbietet, daß er sie herausfordert und ihnen gleichzeitig zusagt, sie anzuhören, wenn sie seinen Namen anrufen.

Sind die Gottesbilder nur Spiegelungen unser selbst?

Auf eine weitere Schwierigkeit, an Gott den Vater zu glauben, macht schon Xenophanes (540 v. Chr.) aufmerksam. Er teilt eine sehr einfache Beobachtung mit: „Die Götter der Äthiopier sind schwarzhaarig und stumpfnasig, die der Thraker blauäugig und rothaarig." Ohne Mühe ließe sich die Beobachtung des alten Griechen ergänzen: Der Gott der Intellektuellen heute ist Heidegger-artig, der Gott der Radikalen ist Camillo-Torres-artig, der Gott der Hippies ist hippieartig. Offenbar sind also die Gottesvorstellungen jeweils abhängig von der Bildung und vielleicht auch den Wunschträumen der Menschen. Der Verdacht läßt sich nicht von der Hand weisen, der Mensch begegne letzten Endes doch nur seinem eigenen Spiegelbild, wenn er von Gott redet.

Läßt sich aber dieser Verdacht, wir produzierten durch unsere Gottesbilder nur eine Art Doppelgänger unserer selbst, tatsächlich aufrechterhalten bei Leuten wie Bodelschwingh, Martin Luther King oder auch Dag Hammerskjöld? Kann man diesen Leuten einfach unterstellen, sie seien nur Träumer gewesen, Phantasten, die nicht hätten unterscheiden können zwischen ihren eigenen Wünschen und den Realitäten des Alltags?

Diese Überlegung ist gewiß kein Gegenargument. Aber sie ist des Nachdenkens wert und könnte uns vielleicht ein wenig skeptisch gegenüber unserer eigenen Skepsis werden lassen.

Wir können von Gott nur mit Hilfe unserer Worte und unserer Vorstellungen reden, auch wenn beide unzulänglich sind

Müssen wir nicht von dem, was uns wirklich angeht, aufregt oder langweilt, immer in den Worten und Bildern reden, die uns eben zur Verfügung stehen? Müssen wir nicht in unserer Sprache auch dann reden, wenn sie das gar nicht hergeben kann, was an neuer Erfahrung in uns aufbricht und nun auszusprechen ist?

Der Gott, der nichts mit unserem Lachen und Weinen, mit unserer Angst oder unserer Langeweile zu tun hat, der Gott, der absolut „jenseits" wäre von aller menschlichen Erfahrung, ein solcher Gott ginge uns ja gar nichts an.

Helmut Thielicke hat einmal gesagt: „Sage mir, wie erhaben dein Gott ist, und ich sage dir, wie wenig er dich angeht."

Wir können also nur konkret, d.h. handfest und im Rahmen unserer eigenen Erfahrungen von Gott reden. Wir müssen das selbst dann tun, wenn wir daraufhin verdächtigt werden, menschliche Vorstellungen auf Gott zu übertragen. Ganz unbefangen wird etwa im Alten und im Neuen Testament von Gottes „Angesicht" gesprochen, von seinen „Händen", seinen „Augen", seiner „Stimme", seinem „Thron", seinen „Fingern". Gleichzeitig aber heißt es doch wieder, daß „aller Himmel Himmel" (1. Könige 8,27) ihn nicht fassen können. Offenbar haben diese Leute gewußt, daß die Begriffe nicht ausreichen. So konnten sie in souveräner Unbefangenheit auch widersprüchliche Begriffe nebeneinander stehenlassen. Mögen dann die Bilder und Begriffe ruhig „hinken". Sie zielen ja ohnehin nicht darauf ab, Gott präzise einzufangen wie einen Vogel in einen Käfig. Sie wollen vielmehr das, was den Menschen der Bibel widerfahren war, aussprechen, und zwar in aller Vielfalt, in allen Farben des Regenbogens und über die ganze Skala der Ausdrucksmittel hin.

Projektion eines Wunschbildes ist sicher auch das nicht, was dem Jeremia widerfuhr: Der beklagte sich förmlich, daß Gott ihn überrumpelt habe. Er wollte ja gar nicht Bote dieses Gottes sein, zumal ihm dieser Auftrag nur Ärger und Verfolgung einbrachte. Jeremia 20,7: „Herr, du hast mich überredet, und ich habe mich überreden lassen. Du bist mir zu stark gewesen und hast gewonnen." Hier wird nicht geträumt, hier wird vielmehr klar erkannt: Gott fordert den Menschen heraus, und der Mensch hat zwei Möglichkeiten – sich ganz auf diesen Gott einzulassen oder ihm ganz abzusagen.

Wir dürfen es uns nicht zu einfach machen!

Was diese Propheten erfahren haben, was Mönche jahrzehntelang erarbeitet und durchlitten haben, läßt sich wirklich nicht mit schneller Hand und mit dem simplen Einwand abtun: Es war ja alles nur Einbildung.

Georg Bernanos hat in seinem berühmten Roman „Tagebuch eines Landpfarrers" (einige von Ihnen werden sicher die Verfilmung kennen) über jenen Einwand harte Worte gesagt: „Ein Trappist oder Kartäusermönch wird sich jahrelang abquälen, um ein Mann des Glaubens und des Gebetes zu werden, und da will der erstbeste hergelaufene Leichtfuß über die Bemühungen eines ganzen Lebens urteilen! Wäre das Gebet wirklich das, was die da denken, eine Art Geschwätz, die Zwiesprache eines Wahnbesessenen mit seinem Schatten ..., wäre es dann wohl möglich, daß Tausende und Abertausende bis zu ihren allerletzten Tagen zwar vielleicht nicht so sehr Süße darin finden – denn sie mißtrauen den gefühlsseligen Tröstungen –, wohl mehr aber eine harte, starke und vollkommene Freude...“

Es gab und es gibt eben Menschen, die haben mit diesem Gott gelebt, und das waren oft genug wesentliche und wichtige Menschen für ihre Zeit. Aber immer wieder berichten diese Zeugen, daß der Glaube an Gott den „Vater“ nicht einfach möglich ist in plumper Vertraulichkeit, die den „himmlischen Vater“ begrüßt und bemitleidet, wie Borchert (übrigens sehr ernst und so, daß es einen anrührt) das andeutet in seinem Drama „Draußen vor der Tür“. *Umgang mit diesem Vater bedeutet vielmehr stets Verstehen und Nichtverstehen zugleich, Staunen und Befremden, Begeisterung und Erschrecken, Geborgenheit und Furcht.*

Darin wird deutlich, daß Gott nicht einfach Gegenstand oder gar Produkt unserer Denkanstrengungen ist, sondern selbst in Aktion bleibt: Daß er eben nicht abhängig ist von menschlichem Wunschdenken, deutlicher gesagt: daß Gott keine Erfindung des Menschen ist – genau das ist gemeint, wenn die Tradition von Gott als von einer Person spricht. Das also ist der springende Punkt bei diesem Wort „Person“.

Was das Wort „Vater“ von Gott aussagen will, wird uns durch Jesus verdeutlicht:

... was Liebe ist, wenn Gott der Vater den Menschen liebt; was Ablehnung heißt, wenn Gott ihn ablehnt; wie Hilfe aussieht, wenn *er* ihm hilft; was Geborgenheit meint, wenn *er* ihm Halt im Leben gibt – was Gott der Vater will und was er anbietet, das hat Jesus Christus an-schaulich und be-greifbar gemacht an seiner eigenen Person. Er hat es gewagt, mit Gott, seinem Vater, so zu leben, daß er dessen Worte mit seinen eigenen gleichsetzte: „Ich und der Vater sind eins.“ Wenn Jesus nun erklären wollte, wie einer zu diesem Vater kommt, wie also Sie und ich diesen Vater verstehen und erfahren können, dann hat er nicht mit starren Begriffen und Formeln, sondern meist mit einer einfachen Geschichte geantwortet. Lesen Sie als Modell dafür doch einmal das sogenannte Gleichnis vom Verlorenen Sohn im Lukas-Evangelium, Kap. 15, Vers 11–32.

Der im 1. Brief schon erwähnte Marxist Milan Machoveč hat in seinem 1972 erschienenen Buch „Jesus für Atheisten“ ein Jesus-Wort aus Matthäus 11 (28–30) übersetzt, das wie kaum ein anderes Anlaß geben kann, nach einer *eigenen* Beziehung zu diesem Vater zu suchen: „Kommt her zu mir alle, die ihr müde seid und ermattet von übermäßiger Last. Aufatmen sollt ihr und frei sein. Dient Gott, wie ich ihm diene, ich will es euch lehren. Ich herrsche nicht über euch, und Gott ist mir nahe in liebender Demut. Aufatmen sollt ihr. Denn Gott zu dienen ist schön, und leicht ist die Last, die der Glaube mir nachträgt.“

Hinweise zur Vertiefung

Das erwähnte Gleichnis vom Verlorenen Sohn steht im Lukas-Evangelium, Kap. 15, Vers 11–32. Außerdem sollten Sie vielleicht auch einmal die Vaterworte Jesu in der Bergpredigt durchsehen und überdenken. Sie stehen besonders im Umkreis des Vaterunsers (Matthäus-Evangelium Kap. 6, Vers 5–15) und der Worte über die Sorge (Kap. 6, Vers 25–34).

Für die Bibellektüre ist es wichtig, sich zusätzlich zur Lutherbibel eine gute moderne Übersetzung zu besorgen. Das gilt vor allem für das Neue Testament. Es lohnt sich, eine der beiden folgenden Übersetzungen anzuschaffen. Man kann ja durch Jahre hin immer neu zu ihnen greifen:

a) Das Neue Testament, übertragen von Jörg Zink, Kreuz-Verlag in Stuttgart.

b) Das Neue Testament, übersetzt und kommentiert von Ulrich Wilckens, Furche-Verlag, Hamburg. Diese Ausgabe hat zwei besondere Vorzüge: Die Übersetzung ist sehr genau und knapp. Sie gibt ferner durch kleingedruckte Erläuterungen gute Hinweise für ein eindringenderes Studium.

Literatur zum Thema

Wer sich weiter mit der religiösen Lage der Gegenwart beschäftigen möchte, dem können für seine eindringenderen Studien folgende Bücher empfohlen werden:

Was Christen glauben, von Rainer Röhricht und Jörg Zink, Verlag Gerd Mohn – Gütersloh.

Einführung in das Christentum, von Joseph Ratzinger, dtv-Taschenbuch Wissenschaftliche Reihe Nr. 4094.

Wie es weitergehen soll

Wir haben Ihnen in diesem Brief nahezubringen versucht, daß und warum die Bibel nicht auf das Wort „Vater" verzichtet und trotz dieses unzureichenden Bildes auch nicht darauf verzichten *kann.* Vielleicht liegen die Hemmungen, die wir hier gegenüber dem Worte „Vater" haben, noch tiefer. Sie werden wohl vor allem durch das Schreckliche und Sinnlose in unserer Welt ausgelöst: durch Flutkatastrophen, Erdbeben, Flugzeugabstürze und unheilbares Leiden. Wir fragen: Wie kann Gott das alles zulassen? Dürfen wir angesichts dieses Geschehens ehrlicherweise noch von einem Vater sprechen? Auf diese Frage wollen wir deshalb im nächsten Brief eingehen.

Mit freundlichem Gruß!
Ihre Projektgruppe

Brief 3:

Der Mensch leidet – hat Gott versagt?

Liebe Kursteilnehmer,
ein Saal krebskranker Frauen..., ein Kind, dessen Gesicht von Napalm verbrannt ist..., Leiden, Schrecken, Angst, Terror, Verlassenheit – und auf der anderen Seite (vom letzten Brief her) Gott, der unser „Vater" sein soll? Sieht diese unsere Welt nicht sehr unväterlich aus?
Weil es hier keine fertigen Antworten geben kann, soll dieser Brief in einem etwas persönlicheren Stil Ihnen zeigen, wie einer von uns sich als Christ mit dieser Frage auseinandersetzt.

Der Mensch auf der Suche nach Glück

Sicher kennen Sie das Märchen von „Hans im Glück", jene Geschichte von dem jungen Mann, der auf sehr merkwürdigen Wegen seinem Glück nachjagte.

Seinem Glück nachjagen – wer tut das eigentlich nicht? Glück... ein Zauberwort. In verschiedenen Zeiten des Lebens stellt man sich ganz Verschiedenes darunter vor. Ich denke bei „Glück" zuerst an die Zeit, als ich ein Junge war. Ich sehe, wie ich aus der Tür unseres Hauses trete. Die Sonne scheint, die Frühlingsluft duftet unbeschreiblich würzig. Ich strecke meine Arme in die Luft und recke mich, so gesund und rundum wohl fühle ich mich. Ich sauge die Luft ein: Sie riecht verheißungsvoll; sie riecht nach Ferne.

Es sind Ferien, und ich weiß: Ich muß in die Ferne. Die Welt ist voll herrlich aufregender Überraschungen, und das Leben verspricht mir, gerade *mir* etwas Unbeschreibbares, Unvorstellbares. Ich weiß: Es lohnt sich, diesem ungewissen Etwas nachzulaufen... es ist das Glück.

– Als ich älter wurde, habe ich oft genauer sagen können, was für mich das „Glück" sein würde. Manchmal wurde es mir sogar zuteil. Hat aber die Suche nach Glück und immer neuem Glück deshalb aufgehört? Sicher nicht! Irgendwie bleibt man wohl immer auf der Suche. Denn was wir finden, ist oft qualvoll und schmerzlich.

Ich kann mir nicht denken, daß es Ihnen viel anders geht als mir. *Wir alle wollen glücklich werden. Wir wünschen uns das Glück, und wir haben Angst vor dem Leid.*

In einem alten Lied heißt es: „*Warum* es so viel Leiden, so kurzes Glück nur gibt?" – Wir wollen zwar nicht leiden. Wir haben Angst davor! Aber das Leiden fragt uns nicht, ob wir es mögen, ganz gleich ob es um Krankheiten, Schmerzen oder seelisches Leid geht. – Selbst die Bosheit anderer Menschen kann uns ebenso verwunden und unser Leben verdüstern wie Einsamkeit oder das Gefühl, von niemandem verstanden zu werden. – Wir können nicht fliehen. *Es gibt kein Leben ohne Leiden.*

Die Frage nach dem Sinn des Leidens

Nur wenige Meter von meinem Haus entfernt geschah neulich ein furchtbares Unglück: Ein junger Student, der einzige Sohn seiner Eltern, wurde von einem Lastwagen überrollt. Mein Freund mußte den Eltern die Nachricht überbringen. Das erste Wort, das sie herausbrachten, hieß: „Warum?"

Dieses „Warum?" scheint in der Tat eine immer wiederkehrende Frage zu sein, wenn Menschen vom Leid befallen werden. Dieses „Warum?" deutet zweierlei an:

Erstens: Solch einen unerwarteten Schlag empfinden wir als lieblos und ungerecht, wenn er uns trifft. Denn offenbar haben wir eine ziemlich genaue Vorstellung davon, wie unser Leben eigentlich verlaufen müßte. Wir jagen dem Glück nicht nur nach, sondern wir meinen auch, ein „Recht auf Glück" zu haben. Wenn uns aber das Leid einen Strich durch die Rechnung macht, dann verstehen wir unser Leben nicht mehr. Unsere Ur-Vorstellung vom Leben ist zerbrochen.

Zweitens: Die Warum-Frage deutet darauf hin, daß wir nicht vom Zufall ausgehen. Wir rechnen nicht mit wahllosen Schicksalsschlägen. Sondern wir fragen eben: „Warum?", weil wir ursprünglich angenommen hatten, unser Geschick müsse uns *gerecht zugeteilt* werden. Es geht uns um gerechte Verteilung. Deshalb klagen wir den Lenker unserer Geschicke an, weil er offensichtlich versagt. Wieviel härter ist diese Klage erst dann, wenn wir angenommen hatten, daß es ein „liebender Vater" sei, der unser Leben lenkt! – Die Frage „Warum?" verrät uns also, daß sehr viele Menschen von einem oft uneingestandenen Glauben an einen höheren Lenker unserer Geschicke ausgehen.

So verbirgt sich in dieser Frage nichts Geringeres als die Frage nach einer höheren Instanz, von der wir Gerechtigkeit, ja Glück – und vielleicht dürfen wir sogar sagen: „Heil" – erwarten. Ich glaube nicht, daß es theologische Voreingenommenheit ist, wenn ich sage, daß wir mit jener „höheren Instanz" *Gott* meinen.

Das Leiden kann uns so nach dem fragen lassen, den wir im Glück zwar so leicht vergessen, von dem wir uns im Leid aber verlassen fühlen.

Mit-Leiden

Das erste, was andere Menschen einem Leidenden gegenüber tun können, ist ... *Schweigen. – Wer versuchen will, ein hilfreiches Wort zu finden, sollte zuvor geschwiegen haben vor Betroffenheit und Mitgefühl.* Geduld und Schweigen sind nötig, wenn wir wirklich hörbereit werden wollen für die Klage des Leidenden. Jene leichtzüngigen Tröster, denen ihr wortreicher Rat nur allzu schnell bei der Hand ist, gehen einem nur auf die Nerven und können den, der leidet, nur noch trostloser machen. Sie „helfen" nicht, sondern verbittern nur. Sie zeigen, daß sie entweder selber keine Erfahrung im Leiden haben oder davor zurückzucken, selbst allzu tief in das Leiden des anderen hineingezogen zu werden. Die Voraussetzung für ein echtes Trostwort ist aber gerade die Bereitschaft, so sehr mitzuleiden und so sehr mit dem anderen solidarisch zu werden, daß seine Schmerzen uns selber bedrücken. Dieses mitleidende Zuhören kann oft schon für sich selbst eine entscheidende Hilfe bedeuten. Doch ist dieses Zuhören noch nicht die ganze Antwort auf das Leiden. Wir wollen versuchen, noch tiefer zu graben und die Frage zu stellen, *woher das Leid kommt und wo es Hilfe gibt.*

Das Leiden in der Welt verringern

Lassen Sie uns nicht zu schnell „ja" dazu sagen, daß Menschen leiden müssen! Lassen Sie uns bitte auch nicht zu schnell Gott ins Spiel bringen. Der Satz: „Man muß das Leid eben hinnehmen; denn Gott hat es geschickt", kann faule und gottlose Kapitulation bedeuten.

Zunächst ist die Welt voll von solchen Leiden, die *Menschen* einander zufügen. Vielleicht wird das deutlicher, wenn wir es andersherum sagen: Wieviel Leid könnte vermieden werden, wenn die Menschen anders wären, als sie sind, angefangen von den Streitigkeiten und Gehässigkeiten in den Familien bis hin zu Hunger und Krieg! „Der Mensch ist für den anderen ein Wolf", hat ein großer Philosoph im 18. Jahrhundert gesagt (Hobbes). Das mag sehr einseitig und allzu kraß gesagt sein. Aber es ist doch merkwürdig, daß wir alle sofort wissen, was er meint. Es muß zumindest „etwas dran" sein. Unsere erste Aufgabe, so meine ich, sollte es deshalb sein, *alles zu tun, damit der Mensch ein bißchen weniger „wölfisch" wird.* Diese Aufgabe verlangt, daß wir zunächst bei uns selbst anfangen. Gleichzeitig müssen wir unser Augenmerk auf die *Gesellschaft* richten: Wo befinden sich hier Krankheitsherde der Verbitterung und des Unfriedens? Wo heulen da die Wölfe?

Unsere Hilfe wird hier sehr unterschiedliche Gestalt haben können: Natürlich ist materielle Hilfe nötig, um unter den Armen und Zukurzgekommenen dieser Welt Hoffnungslosigkeit und Haß zu vermindern. Jungen Menschen muß pädagogische Hilfe zuteil werden. Denn ob jemand fähig oder unfähig ist zum Frieden und zur Zusammenarbeit, hängt in erster Linie davon ab, wie er in seiner Jugend davon überzeugt und wie ihm glaubwürdig *vorgelebt* worden ist, daß Miteinandersein lohnender ist als Gegeneinandersein. Hier reicht unsere Verantwortung über den individuellen Bereich hinaus; sie wird zu einem Faktor, der das gesellschaftliche Zusammenleben bestimmt.

Schließlich kann die Weiterentwicklung der Technik und der Medizin uns Möglichkeiten an die Hand geben, Krankheiten, Hunger und Elend zu bekämpfen. Wir brauchen nur an die Verringerung der Kindersterblichkeit oder an die Ausrottung mörderischer Seuchen früherer Zeiten zu denken, um diese Möglichkeit, gegen das Leiden in der Welt zu kämpfen, nicht gering zu veranschlagen. Träumereien davon, daß der Mensch eines Tages den Tod und das Leid abschaffen könnte, scheinen mir andererseits wenig zu helfen, wenn es darum geht, das Leiden in der Welt zu verringern.

Leiden läßt reifen

Es wäre jedenfalls eine sehr unrealistische Vorstellung, sich den Menschen der Zukunft als leidloses Wesen zu denken. Immer wird es Formen des Leidens geben, die wir nicht beseitigen können. Wir werden aber auch immer vor der Frage stehen: Ist das uns treffende

Leiden denn *nur* etwas Negatives? Sollte ihm wirklich gar kein weiterführender, schöpferischer Sinn innewohnen?

Dale Carnegie erzählt in seinem Buch: „Sorge dich nicht – lebe!" von einer seltsamen Begegnung, die er eines Tages im Fahrstuhl hatte. Er traf dort einen Gelähmten im Rollstuhl. Aber dieser Gelähmte strahlte so viel Güte und Fröhlichkeit aus, daß Carnegie beschloß, ihn aufzusuchen und nach seinem Schicksal zu fragen. Dabei kam folgendes heraus: Ben Fortson hatte mit 24 Jahren einen Autounfall erlitten, bei dem sein Rückgrat verletzt und seine Beine gelähmt wurden. Zuerst hatte er gewütet und sein Schicksal verflucht.

Doch als die Jahre vergingen, wurde ihm klar, daß seine Auflehnung ihm nichts als Bitterkeit einbrachte. So begann er langsam, sich ein neues Leben aufzubauen. Er las viel, fing an, gute Musik zu hören. Er begann, über das Leben und die Menschen nachzudenken. „Zum ersten Mal im Leben", sagte er, „war ich imstande, mir die Welt zu betrachten und einen Sinn für Werte in mir zu entwikkeln. Und allmählich wurde mir klar, daß die meisten Dinge, nach denen ich gestrebt hatte, der Mühe gar nicht wert waren." Er begann, sich für Politik zu interessieren, mehr noch, vom Rollstuhl aus Reden zu halten.

Schließlich wurde er – im Rollstuhl – Minister im Staate Georgia! Dale Carnegie fragte ihn, ob er nach all den Jahren noch finde, daß sein Unfall ein grausames Mißgeschick gewesen sei, und er antwortete ohne Zögern: „Nein."

Das Leiden erst hatte Ben Fortson reifen lassen. Ohne jenen Unfall wäre er nie die Persönlichkeit geworden, die Dale Carnegie so beeindruckte.

Mag sein, daß es auch unter den Lesern dieses Briefes den einen oder anderen gibt, der von sich sagen kann: „Ich habe zwar furchtbar gelitten, aber ich bin durch das Leiden auch gereift; mir sind dabei ganz neue Seiten des Lebens aufgegangen, von denen ich vorher keine Ahnung hatte und durch deren Entdeckung ich reicher geworden bin." – Ich möchte damit das Leiden gewiß nicht verklären und künstlich hochstilisieren, sondern ich spreche damit nur eine Erfahrung meines eigenen Lebens aus: *Ich könnte mir zum Beispiel keinen gütigen und zum Mitleid fähigen Menschen vorstellen, der nicht vorher selber durch Leiden hindurch mußte.* Erfahrenes Leid kann den Blick für andere öffnen und die Chance der Güte in sich tragen.

Leiden kann reifen lassen. Das ist sicher wahr. Nur: diese Wahrheit nützt mir in der Regel sehr wenig in Augenblicken, wo das Leiden mich umklammert hält. Wenn Einsamkeit mich in Depressionen stürzt, wenn Schmerz mich schüttelt, dann schreie ich vielleicht nur noch: „Was soll dies alles? Wozu lebe ich? Gibt es denn keinen Gott, der mich lieb hat? O Gott, wenn es dich gibt: hilf mir!"

Die Bibel ist voller Hinweise auf Menschen, die in diesem Abgrund des Leidens stecken: auf Menschen, die von Krankheiten gequält, von Mitmenschen schikaniert, von schrecklichen Katastrophen überrollt, an Angst und Hoffnungslosigkeit schier ersticken. Und immer wieder hört man den Notschrei: Wo bleibt Gott? Sogar das letzte Wort des gekreuzigten Jesus lautet nach der ältesten Quelle „Mein Gott, mein Gott, warum hast du mich verlassen?" (Markus-Evangelium, Kap. 15, Vers 34).

Dieses Fragen zeigt mir zweierlei:

Erstens finde ich es tröstlich, daß selbst die großen Menschen des Glaubens den Feuerofen des Leidens aus eigener Erfahrung kennen, ja daß Jesus Christus selbst unser „Bruder im Leiden" geworden ist. Wenn diese alle trotzdem glauben, dann können sie unmöglich ihren Glauben bloß lyrisch-frommen Stimmungen verdanken. Dann muß etwas „dran" sein.

Zweitens bemerke ich, daß die Menschen der Bibel mit dem Leiden nicht dadurch fertig wurden, daß sie es hätten *erklären* können. Der große Dulder Hiob erfährt bis zuletzt nicht, warum Gott ihm Weib und Kind und Hab und Gut genommen hat und ihn mit Eiterbeulen schlug. Diese Leute werden nicht in der Weise fertig mit dem Leiden, daß sie sagen könnten: „*Deshalb, weil...*, hat Gott mir dies und das zugefügt", sondern sie sagen: *Obwohl* ich es nicht weiß, halte ich „dennoch fest an dir" (Psalm 73). *Und sie wagen diesen Trotz wider das Leid, weil sie ihre Erfahrungen mit Gott gemacht hatten und weil ihnen dabei die Überzeugung zuteil geworden war, daß er sich etwas dabei denkt und daß man ihm vertrauen kann.*

Sie lernen den Trost des 23. Psalms: „Und ob ich schon wanderte im finstern Tal... bist du bei mir."

Als den größten Trost empfinde ich es, daß mir im Bilde Jesu ein Gott begegnet, der sich selber dem Leiden aussetzt und nicht weltabgewandt im fernen „Himmel" lebt und webt. Am Kreuz Jesu sehe ich einen Gott, der mit mir leidet und darum Mit-Leid hat.

Kann dies alles nun für uns ein Trost sein oder nicht? Ich wüßte keinen stärkeren. Wir Christen glauben, daß Gott selber diesen Jesus als Zeichen seiner Liebe zu uns auf diese geängstigte Erde geschickt hat. In ihm will er uns zeigen, daß keine Klage ungehört oder unverstanden verhallt. Denn er selbst leidet unseren Schmerz mit. Das Kreuz von Golgatha macht ihn glaubwürdig: er weiß, was Schmerzen sind! Wenn wir uns so selbst im Leiden geliebt wissen könnten, dann hätte dieses Leiden seinen bittersten Stachel bereits verloren: nämlich seine Sinnlosigkeit.

Zwar verstehen wir als glaubende Christen genausowenig wie andere Menschen, warum dies oder jenes uns zustoßen und verletzen muß. Aber wir kennen den, der es versteht. Und wir vertrauen seiner Liebe. Das kann uns tragen. Wo wir einen liebevollen Sinn glauben, da können wir durchhalten.

Geliebtwerden ist lebensnotwendiger, als ohne Leid zu sein.

Hinweise zur Vertiefung

Die tiefste Auseinandersetzung mit dem Leiden findet sich im Hiob-Buch des Alten Testamentes. Hier wird im Gespräch Hiobs mit seinen Freunden das Geheimnis des Leidens von allen Seiten beleuchtet. Als erste Einführung lesen Sie vielleicht einmal die Anfangs- und die Schlußkapitel (1 bis 3 und 38 bis 42). Goethe hat in seinem Faust die ersten Kapitel verwendet.

Das *Dennoch* des Glaubens, von dem wir sprachen, findet sich konzentriert dargestellt in Psalm 73. In diesen Zusammenhang gehört auch die Leidensgeschichte Jesu, etwa nach dem Markus-Evangelium Kap. 14 bis Schluß. (Über dieses Thema wird auch ein Brief noch folgen.) Ganz aus der Tiefe biblischen Wissens um das Leiden sind auch die Paul-Gerhard-Lieder geschöpft. Lesen Sie vielleicht besonders: „Befiehl du deine Wege“ (Evangelisches Kirchen-Gesangbuch Nr. 294) und „Warum sollt ich mich denn grämen?“ (Nr. 297).

Literatur zum Thema

Jörg Zink, Wie wir beten können, Kreuz-Verlag Stuttgart.

Dale Carnegie, Sorge dich nicht – lebe!, Scherz-Verlag München.
(Das ist kein speziell „christliches“ Buch, obwohl der Verfasser wohl auf diesem Boden steht. Es gibt aber eine Fülle von Ratschlägen in Situationen des Leidens und der Sorge. Dazu ist es überaus lebendig und spannend geschrieben.)

Helmut Thielicke, Das Schweigen Gottes, Furche-Stundenbücher Nr. 8.

Wie es weitergehen soll

Die nächsten beiden Briefe sollen sich mit der Frage beschäftigen, was es heißt, an Gott den Schöpfer zu glauben. Der 4. Brief wird darstellen, was die Bibel darüber sagt, der 5. Brief wird sich mit der Frage auseinandersetzen, was dieser Glaube für den heutigen Menschen bedeutet und wie die Schöpfungsaussagen der Bibel mit den Ergebnissen der modernen Naturwissenschaft in Einklang gebracht werden können.

Seien Sie herzlich gegrüßt von Ihrer
Projektgruppe

Brief 4:

Woher wir kommen: die Schöpfung

Liebe Kursteilnehmer!
Wer vom lebendigen Gott spricht, muß auch zu den Schwierigkeiten Stellung nehmen, die sich für uns heutige Menschen beim Lesen des biblischen Schöpfungsberichtes ergeben:
Entstand die Welt in sechs Tagen oder war diese Entstehung ein langwieriger Evolutionsprozeß?
Darüber wollen wir in diesem und im nächsten Brief nachdenken.

Der Schöpfungsbericht im Feuer der Kritik

Schon auf ihren ersten Seiten wird der eine oder andere sich von der Bibel schockiert fühlen. Lesen wir die Eröffnungskapitel des Schöpfungsberichtes, so weht uns der Duft der „heilen Welt" an. Das monotone „Gott sah, daß es gut war" scheint wie die Faust aufs Auge unserer gegenwärtigen Situation zu passen. Kann man überhaupt weltfremder von dieser unserer Welt reden?

Das ist noch ziemlich höflich gesagt. Der Leserbrief in einer Hamburger Zeitung, der den heutigen Religionsunterricht kritisierte, sprach sogar davon, daß die Kinder durch die Schöpfungsgeschichte „beschwindelt" würden; doch hätten sie das durch ihren Naturkundeunterricht und das Fernsehen schon längst durchschaut. Dieser etwas aufgebrachte Mann gibt aber zweifellos ein Gefühl wieder, das viele von uns beherrscht: Daß der Mensch aus einem Erdenkloß gemacht, die Frau aus der Rippe des Mannes geschaffen, die Welt in sechs Tagen komplett auf die Beine gestellt gewesen sein soll: das könnte das Lächeln unserer kritisch geschulten Köpfe hervorrufen. *Im Zeitalter unseres Aufbruchs in den Kosmos scheinen die Kinderschuhe frommer Vorstellungen nicht mehr zu passen.* Wir wissen offensichtlich besser Bescheid.

Unser eigenes Leben ist jedenfalls sehr viel komplizierter und auch verworrener als in dieser naiv scheinenden Schöpfungsidylle. Wir haben radikalere Fragen. Wir fragen vor allem nach dem Sinn unseres Lebens. Wir erwarten eine sachgemäße, überlegte Antwort, jedenfalls keine Märchenerzählung aus vergangenen Tagen.

Auf die Fragestellung kommt es an

Unsere Kritik sollte aber nun ihrerseits nicht naiv sein und sich in ihrer Selbstsicherheit aalen. Wir müssen sie auch auf uns selbst anwenden, vor allem auf die Art, *wie* wir fragen. *Es kommt nämlich entscheidend darauf an, woraufhin wir diese alten Texte befragen.*

Schlagen wir ein Erdkundebuch auf, so erwarten wir darin sicher keine Antwort auf die Frage nach dem Sinn des Lebens. Die Beschaffenheit der Alpen zeigt uns nicht, wozu wir da sind. Umgekehrt dürfen wir nun auch die Bibel nicht wie ein Buch über Erdkunde oder Paläontologie lesen, obwohl Vorstellungen dieser Art durchaus in ihr auftauchen. Zweifellos sind es aber nicht diese antiken Vorstellungen, die uns heute nach der Bibel greifen lassen!

Denn über Erdkunde und Weltentstehungsprobleme wissen wir Menschen des zwanzigsten Jahrhunderts tatsächlich besser Bescheid als die Menschen des Altertums und natürlich auch die biblischen Schriftsteller. (Es wäre ja auch ein Armutszeugnis, wenn es anders sein würde!).

Das alte und veraltete Kleid eines vergangenen Weltbildes sollte uns deshalb nicht stören. Ein heutiger Naturwissenschaftler würde seinen Glauben an den Schöpfer sicher in ganz anderen Formen ausdrücken. Aber es wäre eben doch die alte Partitur, die er dabei hört.

Das haben übrigens die Weltraumfahrer von Apollo X gewußt und sehr eindrucksvoll praktiziert, wenn sie – die Avantgardisten des neuen Zeitalters der Weltraumfahrt! – bei ihrer Mondumkreisung die biblische Schöpfungsgeschichte vorlasen. Sie taten das, obwohl in dieser Geschichte der Mond nur als schlichte Ampel am Firmament auftaucht. Doch hatten sie eben in diesem Schöpfungsbericht noch eine tiefere Dimension entdeckt. Sie vernahmen – über allen Wandel des Weltbildes hinweg – in ihm eine Botschaft, die sie in ihrem tiefsten Menschsein anging.

Es gibt keine isolierte Schöpfung

Wir können uns von unsachlichen Hemmungen der genannten Art frei machen, wenn wir auf folgendes achten: Unterricht und kirchliche Verkündigung haben vielleicht das Vorurteil in uns entstehen lassen, daß die Schöpfungsgeschichte am Anfang der Bibel so etwas wie das entscheidende Startzeichen für den Weltbeginn sei. Dann aber lesen wir sie sofort mit einem irreführenden Mißverständnis:

Wir isolieren sie dann verhängnisvoll von den folgenden Kapiteln. *Gerade die moderne Forschung hat uns aber gezeigt, daß die Schöpfungsberichte in einen größeren Rahmen eingefügt sind und in Zusammenhang mit den folgenden Kapiteln stehen:*

Einmal im Zusammenhang mit der ganzen sogenannten „Urgeschichte“, die vom Sündenfall, vom Ende der heilen Schöpfungswelt, von den Folgen menschlicher Schuld (Kain und Abel, Sintflut) und vom Übermenschtraum des babylonischen Turmbaus handelt. (Wir möchten Sie anregen, diese Kapitel einmal im Zusammenhang zu lesen: 1. Mose, Kapitel 1 bis 11).

Ferner ist die Urgeschichte nun ihrerseits wieder der Vorbau eines größeren Geschichtswerks, das von der Schöpfung über die Väterzeit, den Auszug aus Ägypten und die Wanderung durch die Wüste bis zur Landnahme in Kanaan reicht. Die Urgeschichte und mit ihr der Schöpfungsbericht sind dann, sachlich durchaus angemessen, dem ganzen Werk vorangestellt worden, gleichsam als dessen Vorwort.

Die Schöpfungsgeschichte war nicht der Anfang

Die Schöpfungsberichte standen also ursprünglich *nicht* am Anfang der Glaubensgeschichte des Volkes Israel. Sie sind, wie das eben bei einem Vorwort auch sonst zu sein pflegt, erst *nach* dieser Geschichte und ihrer schriftlichen Fixierung vorangestellt worden. Daran wird deutlich, daß die entscheidende Mitte, daß der eigentlich zentrale Blickpunkt das rettende geschichtliche Handeln Gottes war.

So gingen die Hebräer nicht von der philosophischen oder wissenschaftlich gemeinten Frage aus, woher denn alles komme. Sondern sie erfuhren (sie „erfuhren“!) in ihrem kleinen Umkreis die wirksame Hilfe Gottes. Der Auszug aus der Knechtschaft in Ägypten (2. Mose, Kapitel 12 bis 14) – also keine weltfremde Spekulation, sondern ein handfestes Ereignis, das die ganze Geschichte des Volkes bestimmte – ist so die zentrale Erfahrung des Handelns Gottes. *Gott existiert für die Hebräer nicht im luftleeren Raum einer gedachten Idee, sondern er führt bewahrend durch die Geschichte.* Er enthüllt sich in Begegnungen, Rettungen und lebendigen Anrufen.

Von dieser *Glaubenserfahrung* her leben also die Hebräer. Von hier aus stießen sie dann vor allem nach ihrer Seßhaftwerdung in Kanaan auf alte Schöpfungsvorstellungen anderer Völker. Das bedeutete für sie eine Herausforderung, die sie zu theologischen Reflexionen nötigte. So mußten sie von ihrer Erfahrung mit Gott her, der sie in ihrer Geschichte geführt hatte, zu den Mythen ihrer Umwelt kritisch Stellung nehmen.

Unter dem Druck dieser Nötigung bekannten sie, daß dieser Gott, der sie durch die Geschichte geführt hatte, auch der Schöpfer der Welt sei. Sie konnten und mußten dies so sagen, weil sie Gott in ihrem eigenen Leben und in ihrer eigenen Geschichte so machtvoll handeln sahen. *So erwuchs ihnen der Glaube an den Schöpfer Himmels und der Erden als die Konsequenz eigener lebendiger Gottesbegegnungen.*

Dieses Bekenntnis hatte seinerseits weitreichende Folgen: So konnten sie das religiöse Material (wenn man sich so ausdrücken darf) anderer Völker, dem damaligen Stand der Naturwissenschaft entsprechend, unbefangen übernehmen. Zugleich aber befreiten sie diese Vorstellungen von ihren mythischen Zügen. Waren vorher zum Beispiel Sonne, Mond und Sterne Götternamen, so sind sie im biblischen Bericht nur noch Lampen, kosmische Beleuchtungsgeräte (1. Mose Kapitel 1, Vers 16 und 17), die Gott an den Himmel hängt. Die Ironie und die antimythische Spitze dieser Aussagen sind kaum zu übersehen.

Ihr Bekenntnis, daß der Gott ihrer Geschichte zugleich Schöpfer der Welt sei, entkleidete also alle damaligen Weltvorstellungen ihrer mythischen Züge. Und gerade deshalb gewann die naturwissenschaftliche Forschung auf dieser Ebene einen Freiraum: Warum sollte man jene „Lampen" nicht mit allen Mitteln von Wissenschaft und Technik untersuchen dürfen? Denn nun ist Gott ja nicht mehr „auf dem Mond" und die Sterne sind keine Götter mehr, die für den Zugriff unserer Erkenntnis tabu sein müßten! So bedeutet die ironische Freiheit gegenüber den Mythen, die gleichsam das Klima des biblischen Schöpfungsberichtes bestimmt, zugleich die Freigabe der Wissenschaft. Wir können uns nun sachlich und unbefangen zur Welt verhalten.

Zugespitzt formuliert, können wir vielleicht so sagen: *Die Bibel sagt uns, daß Gott die Welt geschaffen hat; die Naturwissenschaft erklärt, wie er sie gemacht hat.*

Die Bibel redet in vielerlei Weise von der Schöpfung

Es gibt nicht *den* Schöpfungsbericht in der Bibel, sondern es gibt *vielerlei* Aussagen zu diesem Thema. Auf den ersten Blättern der Bibel begegnen uns gleich zwei – völlig verschiedene – Berichte:

Erstens gibt es da den Bericht der sogenannten Priesterschrift (um 500 vor Christus) im ersten Buch Mose, Kapitel 1, Vers 1 bis Kapitel 2, Vers 4a. Er zeigt schon eine relativ hohe Entwicklung des damaligen naturwissenschaftlichen Denkens. An drei Punkten wird das deutlich:

Einmal versteht er den Schöpfungsprozeß als eine bestimmte zeitliche Entwicklung (sechs Tage) in aufeinanderfolgenden Epochen; *ferner* kennt er die Entwicklung vom Niederen zum Höheren; *endlich* bedient er sich schon einer gewissen Klassifikation, einer Einteilung nämlich, die die anorganischen Gebilde und die organischen Geschöpfe „nach ihren Arten" voneinander unterscheidet.

Zweitens gibt es dann in 1. Mose, Kapitel 2, Vers 4b bis 25 die Erzählung des sogenannten Jahwisten. Er redet in einer einfachen, plastischen, erzählenden Sprache und ist wesentlich älter (9. oder 10. Jahrhundert vor Christus).

Schon diese zwei verschiedenen Formen zeigen uns, daß die Bibel nicht sonderlich (und schon auf keinen Fall in erster Linie) an dem *Wie* der Weltentstehung interessiert ist. Im Gegenteil läßt sie uns und damit auch unserer naturwissenschaftlichen Forschung im Verständnis dieses „Wie" jede Freiheit.

Wenn schon die Menschen der Bibel die Wahrheit, daß Gott die Welt erschuf, immer in den sich wandelnden Vorstellungen ihrer Zeit ausdrückten – und selbst *da* schon ein Wandlungsprozeß festzustellen ist! –, dann haben wir heute die gleiche Freiheit. *So sind wir beauftragt, nun in unseren Vorstellungen und im Rahmen unserer wissenschaftlichen Einsicht von Gott dem Schöpfer zu reden.* Wie das zu geschehen hätte, möchten wir im nächsten Brief zu zeigen versuchen.

Der Mensch als Partner Gottes

Nun zeigen sich in diesen verschiedenen Berichten zwei erstaunliche Linien, vor allem, wenn von der Erschaffung des Menschen erzählt wird:

Nach dem ersten Bericht steht der Mensch am Ende einer langen Entwicklungskette vom Niederen zum Höheren (1. Mose, Kapitel 1, Vers 26). Der zweite Bericht drückt diese Verbundenheit des Menschen mit dem übrigen Seinsbereich fast noch plastischer aus: adam (Mensch) ist aus adamah (Erdboden) gemacht (1. Mose, Kapitel 2, Vers 7). Beide Berichte stellen also den Menschen je auf ihre Weise in den Zusammenhang mit aller sonstigen Kreatur und geben auch unter diesem Gesichtspunkt unserer wissenschaftlichen Neugier den Weg frei, dies näher zu untersuchen und das Wie dieses Zusammenhangs zu erfragen.

Zum andern wird hier nochmals jener grundlegende Unterschied der Fragestellungen deutlich, auf den wir eingangs hingewiesen haben: Aus dieser Entwicklung, aus dieser Erdverbundenheit läßt sich nämlich nicht erklären, was der Mensch seinem Wesen nach ist und worin der Sinn seines Lebens bestehen könnte. Die biologische Entwicklung zeigt ja nur den zeitlichen Ablauf, innerhalb dessen der Weg vom Niederen zum Höheren verläuft. Deshalb bringen beide Berichte je in ihrer Weise noch einen entscheidenden *zusätzlichen* Aspekt, der in die Tiefe des Menschseins blicken läßt:

Der *erste* Bericht (Kapitel 1, Vers 27) erzählt, daß Gott den Menschen als sein „Ebenbild" erschaffen habe. Das bedeutet: Nicht aus seiner biologischen Entstehungsgeschichte heraus – wie immer sie auch verlaufen sein mag – läßt sich erklären, was der Mensch ist und welche Bestimmung er hat. *Erst von Gott her wird der Mensch durch eine „fremde Würde" ausgezeichnet, die ihn unverfügbar macht.* „Fremde Würde" heißt: Der Wert des Menschen liegt nicht in seiner eigenen Qualität, seiner eigenen Größe, seiner eigenen Funktionstüchtigkeit. Er beruht vielmehr darauf, daß Gott selbst es ist, der ihn zu etwas bestimmt hat, der ihm die Würde verlieh, sein Partner zu sein, und ihn seinen „Augapfel" sein läßt. Der Mensch als das empfindlichste Organ Gottes: wer diesen Augapfel anrührt, würde sich an Gott selbst vergreifen.

Von nun an darf kein Mensch mehr allein nach seiner Leistungskraft oder nach seinem gesellschaftlichen Nutzen beurteilt werden. Es darf nicht mehr zu dem gottlosen Urteil kommen, ein menschliches Leben sei nicht mehr lebenswert und dürfe darum verschrottet werden. Wir ahnen vielleicht (gerade nach der Nazi-These vom „lebensunwerten Leben"), welche Konsequenzen das nach sich zieht und welcher Schutz des Menschen darin beschlossen ist.

Der *zweite* Bericht drückt das Gleiche aus: In diesen Erdenkloß, in diese gleichsam biologische Organkonstruktion wird der „Geist Gottes" gehaucht (Kapitel 2, Vers 7). Der Mensch wird also von Gott mit „Du" angeredet. Er wird sein Partner. Damit erhält er eine Verantwortung, die sonst keiner Kreatur zuerkannt wird. Aus dieser Weltverantwortung heraus sollen die Menschen (nicht aber eine bestimmte *Klasse* von Menschen!) über die Erde herrschen (Kapitel 1, Vers 26 und 28).

Aus der Hand Gottes empfängt der Mensch Macht, die er verantwortungsvoll ausüben soll.

Diese Verantwortung für die Welt tritt noch deutlicher hervor, wenn wir uns klarmachen, daß wir uns nicht mehr zu unserer Entlastung auf das Böse in der Welt berufen dürfen, dessen Opfer wir seien und das uns zum Mitmachen zwinge. Dieser Ausweg ist uns durch die immer wiederkehrende Aussage „Es war sehr gut" verlegt. Von Gott stammt das Böse jedenfalls *nicht!* Er hat die Welt aus keinem vorgegebenen Stoff, in dem noch Reste des Bösen schlummern, geschaffen. (So wird der Schöpfungsvorgang in den Mythen verstanden). Gott schafft anders als ein Bildhauer, der an die Eigenschaften und die Grenzen seines Materials gebunden ist. Gott „schafft aus dem Nichts", *nicht* aus vorgefundenem Material. Die Hebräer haben deshalb für Gottes Schaffen ein eigenes Wort „barah", das im ersten Schöpfungsbericht auftaucht und das niemals für das handwerkliche oder künstlerische Gestalten des *Menschen* verwendet wird.

Wie bekommen wir heute einen Zugang zum Glauben an den Schöpfer

Auf keinen Fall so, daß wir mit der Frage einsetzen: Hat Gott die Welt geschaffen – ja oder nein? Aus dieser distanzierten Haltung heraus finden wir im besten Falle zu einer „ersten Ursache" oder zu einem erhabenen Gott.

Der ist aber dann *so* erhaben, daß er eine Leerformel bleibt, die auch mit „Zufall" gefüllt werden könnte. „*Sage mir, wie erhaben du dir Gott vorstellst, und ich sage dir, wie wenig er dich angeht.*"

Diese Art des Zugangs würde dem biblischen Denken diametral widersprechen. Sie paßt genau zu jener Isolierung der Schöpfung, gegen die wir uns eingangs gewendet haben.

Die Hebräer könnten uns hier einen neuen und verheißungsvolleren Weg zeigen: Sie gingen von ihrer eigenen täglichen und geschichtlichen Erfahrung mit ihrem Gott aus. Er gab ihrem Leben Halt und Sinn; er bannte die Sinnlosigkeit wie das Chaos am Anfang der Schöpfung (Kapitel 1, Vers 2). Diese Urerfahrung weiteten sie dann aus. Indem sie von Gott dem Schöpfer sprachen, bekannten sie sich zu seiner erfahrenen Treue, die die ganze Welt trägt. *Dieses Bekenntnis setzt also ein bei einer existentiellen Erfahrung und schreitet dann zu kosmologischen Folgerungen fort.*

Diese tiefe Erkenntnis formulierte übrigens schon Martin Luther in seiner Auslegung des Ersten Glaubensartikels: „Ich glaube, daß *mich* Gott geschaffen hat – samt allen Kreaturen..."

So entscheidet sich die Frage nach dem Schöpfer nicht in Urzeiten, sondern heute für mich: Wer bin ich, woher komme ich, wozu bin ich da? Habe ich nämlich die rettende Hand Gottes selbst erfahren und weiß ich also, was er schöpferisch mit mir vorhat, dann weitet sich dieses Bekenntnis aus zu dem Bekenntnis zu Gott als dem Weltschöpfer. Diese Aussage darf ich dann – wie die Menschen des Alten Testamentes – in, mit und unter meinen heutigen naturwissenschaftlichen Erkenntnissen machen.

Hinweise zur Vertiefung

Lesen Sie bitte die beiden Schöpfungsberichte einmal im Zusammenhang mit der ganzen Urgeschichte 1. Mose 1–11.

Um die Vielstimmigkeit und Freiheit, in der die Bibel von der Schöpfung redet, kennenzulernen, verweisen wir auch auf die Psalmen. Dort wird in Form von Hymnen, Liedern, der Schöpfer gelobt. Besonders wichtig: Ps. 8; 139, 13–16. Auch im Buch Hiob finden sich Schöpfungspsalmen: Kapitel 38ff.

Im Neuen Testament wird deutlich, wie Jesus uns durch Aussagen und Gleichnisse über die Schöpfung Mut zum Glauben machen will: Matthäus 6, 25–34.

Literatur zum Thema

Claus Westermann, Schöpfung, Kreuz-Verlag Stuttgart, 1971
Dieses Buch ist allgemeinverständlich, aber wissenschaftlich fundiert. Es diskutiert moderne Fragen und religionsgeschichtliches Material.

Wie es weitergehen soll

Im nächsten (5.) Brief wenden wir uns der speziellen Frage zu, wie sich der biblische Schöpfungsglaube zur Naturwissenschaft verhält. Um die im Brief schon angedeutete Frage der Verantwortung des Menschen, und was er daraus macht, geht es dann im 6. Brief.

Seien Sie herzlich gegrüßt
von Ihrer Projektgruppe

Brief 5:

Schöpfungsglaube und Naturwissenschaft

Liebe Kursteilnehmer!
Sie haben gewiß schon festgestellt, daß wir uns Mühe geben, auch schwierige Gedanken so einfach wie möglich darzustellen. Manchmal wäre es für uns leichter, Kompliziertes auch kompliziert auszudrücken. Wir wollen es uns aber nicht leicht machen! Ob wir freilich die einfachste und klarste Form auch immer finden, ist eine andere Frage. Manchmal müssen wir sicher mit Ihrer Nachsicht rechnen. Der heutige Brief stellt unsere Absicht, so einfach wie möglich zu sprechen, auf eine harte Probe. Hier setzt uns das Thema bestimmte Grenzen. Es kann darum sein, daß einige von Ihnen sich vom Folgenden weniger betroffen fühlen. Sie sollten sich aber nicht entmutigen lassen. Beim nächsten Brief schon werden Sie es nicht mehr so schwer haben.

Konkurrenz zwischen Glaube und Naturwissenschaft?

In unserem letzten Brief haben wir es uns mit dem Schöpfungsglauben nicht leicht gemacht. Wir versuchten zu zeigen, welche Bedeutung er noch immer für uns hat. Heute aber müssen wir noch einmal eine sehr ernste Frage an Sie und uns stellen: Ist das alles nicht ein vergangener Traum, den wir einfach nicht mehr für bare Münze halten können, auch wenn wir es noch so gerne wollten? Da ist ja auch noch die moderne Naturwissenschaft, und sie gibt uns ganz andere Auskünfte über die Entstehung der Welt und des Menschen.

Tatsächlich hat es nicht sieben Tage, sondern vielleicht 18 Milliarden Jahre gedauert, bis die Welt so weit war, wie sie ist, und vielleicht ist sie immer noch nicht fertig. Der Bericht von ihrer Erschaffung aus dem Nichts ist uns zwar von Kindesbeinen an bekannt, aber er hat es heute schwer, sich im Eiswind vernünftiger Kritik zu behaupten. Ist er im Konkurrenzkampf mit der Naturwissenschaft nicht hoffnungslos benachteiligt? Die Radioteleskope der Astronomen haben jedenfalls noch nie ein Signal Gottes vom Rande des Kosmos her vernommen!

Gewiß gibt es noch viele weiße Flecken auf der Landkarte unserer Kenntnisse von Vergangenheit und Zukunft des Kosmos. Aber wer erwartet denn schon ernsthaft, daß sich die fehlenden Linien vom biblischen Glauben her ziehen lassen? Auch wenn uns vielleicht eine leise Wehmut befällt, trauen wir lieber einer nüchternen, wissenschaftlichen Forschung, die zunächst einmal die Hypothese eines Schöpfers ausklammert.

Aber täuschen wir uns nicht: *Die weißen Flecken nehmen nicht ab, sondern zu.* G. B. Shaw hat einmal gesagt: „Der heutige Mensch ist ein Mensch, der mehr und mehr über weniger und weniger weiß." Sind die Auskünfte der Wissenschaft über die Entstehung der Welt und des Lebens wirklich so vollkommen und total gültig, daß einfach kein Raum mehr bleibt für den Glauben? Stimmt es überhaupt, daß Glaube und Naturwissenschaft um denselben Platz in unserem Leben rangeln? Es lohnt sich, einmal die Ansicht der Naturwissenschaftler selber zu hören. Auch wenn in einem kurzen Brief nur Andeutungen möglich sind, werden wir eine Überraschung erleben: Für sie liegt das Konkurrenzverhältnis zwischen Glauben und Wissenschaft gar nicht so sehr auf der Hand wie für uns!

Gibt es eine Weltformel?

Die Menschen waren immer fasziniert von der Suche nach dem letzten Kern der Dinge. Sie stießen weiter und weiter vor in die Welt der Atome und Elementarteilchen. Heute sind uns diese kleinsten Bausteine, aus denen alles zusammengesetzt ist, nicht mehr so rätselhaft wie den alten Griechen (von denen auch schon einige nach den „Atomen" suchten!).

Manche von diesen Partikeln, den Protonen, Elektronen, Neutronen, Mesonen und wie sie alle heißen, existieren nur einige billiardstel Sekunden – unvorstellbar! Aber der Mensch kann sie entstehen lassen. In kilometerweiten Karussells aus Röhren läßt man sie fast mit Lichtgeschwindigkeit aufeinanderprallen, und es entstehen neue Elementarteilchen. Wohlgemerkt, sie teilen sich dadurch nicht, sondern sie wandeln sich nur um, bilden neue, manchmal größere Teilchen oder werden zu Energie. Wir sind offenbar tatsächlich in der Welt der unteilbaren Teilchen, und wir ahnen wenigstens, „was die Welt im Innersten zusammenhält". Vielleicht gelingt es den Physikern und Mathematikern sogar bald, eine „Weltformel" aufzustellen, die gleichsam das Grundgesetz der ganzen Welt wäre, und wenn wir Laien diese Gleichung auch nicht verstehen, so wissen wir doch: Kein X und kein Y darin steht für den Namen Gottes. Er wird hier nicht gebraucht, oder?

Doch hören wir einige Naturwissenschaftler, vor allem Atomphysiker, selbst. Max Born schrieb einmal: „Ich glaube, daß Ideen wie absolute Richtigkeit oder endgültige Wahrheit Hirngespinste sind, die in keiner Wissenschaft zugelassen werden sollten. Die Lokkerung des Denkens scheint mir als der größte Segen, den die heutige Wissenschaft uns gebracht hat."

In der Tat: Die Welt der Atome und Elementarteilchen bringt unsere normalen Vorstellungen ins Wanken. Natürlich können wir bestimmte Beobachtungen zusammenreimen und uns dann ein anschauliches Modell bauen. Aber Niels Bohr, der vor vielen Jahren ein solches Atommodell konstruiert hat, sagte gleich dazu, daß man sich das Atom auch ganz anders vorstellen könne. Sein Kern ist mit winzigen Teilchen wie mit Planeten umgeben, aber diese kann man sich genausogut als Wellen denken! Zwei ganz verschiedene, aber gleichwertige Modelle!

Das ist sozusagen eine „Lockerung" des Denkens, und Werner Heisenberg hat deshalb grundsätzlich festgestellt, „daß wir stets irgendwo in der Mitte anfangen müssen, über die Wirklichkeit zu sprechen mit Begriffen, die erst durch ihre Anwendung allmählich einen schärferen Sinn erhalten, und daß selbst die schärfsten Begriffssysteme nur tastende Versuche sind, uns in begrenzten Bereichen der Wirklichkeit zurechtzufinden".

Fesselt in diesen Worten nicht vor allem die Behutsamkeit, mit der Atomphysiker über ihr ureigenstes Gebiet reden? Sie wissen offenbar, daß sie nicht die totale Wahrheit, die ganze Wirklichkeit erkannt haben, sondern nur einen Ausschnitt davon – vielleicht!

Man kann in der atomaren Welt nicht einmal richtig Entfernungen messen, wie wir es gewohnt sind. Alles ist so unendlich klein, daß schon das Messen einen Einfluß ausübt, der die Verhältnisse gründlich ändert. Wir finden dann eine von uns selbst beeinflußte Situation vor, und deshalb meinte Heisenberg auch einmal, wir lebten in einer Welt, in der der Mensch sich überall nur noch selbst gegenübersteht. Stellt sich hier nicht eine grundlegende, die Atomphysik weit übersteigende Frage? Max Planck, gewiß kein Mann der leichtfertigen Vermutungen, sah sich veranlaßt, „hinter der Sinnenwelt noch eine zweite, die reale Welt anzunehmen, die wir allerdings niemals direkt, sondern stets nur durch das Medium der Sinnenwelt hindurch wahrnehmen können mittels gewisser Zeichen, die sie uns übermittelt".

So denken Männer, die jener Weltformel auf der Spur waren und sind. Sie meinen keineswegs, daß eine solche Formel alle Fragen beantwortet. Sie hüten sich vor absoluten, letztgültigen Totalaussagen. Sie siedeln Gott durchaus nicht (wie es weniger kompetente „Verteidiger" des Christentums manchmal versuchen) in den *Lükken* ihrer Erkenntnis an – so unvorsichtig und töricht sind sie nicht. Gott ist kein solcher Lückenbüßer! Aber sie kennen die niemals schließbare, grundsätzliche Lücke menschlicher Wissenschaft: Ein alle Probleme abschließend klärendes Endstadium menschlichen Wissens, eine einzige totale Antwort ist unmöglich. Auch eine Weltformel weckt mehr Fragen, als sie beantworten kann.

Schon gar nicht können wir den „totalen" Fragen in unserem Leben ausweichen, auch ein Atomforscher, der sich vor den Scheuklappen eines Nur-Spezialisten hütet, kann das nicht. Solche Fragen, die über das rein Fachliche hinausgehen, lauten etwa: Ist alles sinnlos? Gibt es Hoffnung? Bin ich frei – oder bin ich eine höhere Maschine? Jeder von uns muß hier mit seinem Leben täglich antworten. Leben wir nicht so, „als ob" es einen Sinn gäbe, hoffen wir nicht, „als ob" wir Zukunft hätten? Wir können nicht warten, bis die Weltformel gefunden ist, und die Lockerung des Denkens in der Atomphysik warnt uns davor, aus dieser Ecke die Lösung der Grundfragen unserer Existenz zu erwarten.

Die Bibel aber wagt Totalaussagen des Glaubens: Es gibt einen Sinn, ihr habt Zukunft, denn am Anfang schuf Gott Himmel und Erde. Sie spekuliert nicht darüber, ob die Weltformel gut oder schlecht zusammenpaßt mit dem Weltbild der biblischen Erzähler vor einigen tausend Jahren, sondern sie riskiert die kühne Behauptung, daß der Mensch überall nicht nur sich selbst, sondern Gott gegenübersteht.

Der Donnerschlag am Schöpfungsmorgen

Heisenberg meinte, wir müßten stets „irgendwo in der Mitte" anfangen, wenn wir die Wirklichkeit naturwissenschaftlich betrachten. Das leuchtet ein. Denken wir vor allem an die Zeit: Wir alle begannen nicht, im Jahre Null zu denken, und hätten wir es getan, so wäre auch das schon irgendwo in der Mitte der Zeit gewesen. Jedenfalls nicht an ihrem Anfang:Die Welt ist schon unvorstellbar lange da. Und auch nicht an ihrem Ende: Kein Realist wird erwarten, daß sie übermorgen oder in zehn Jahren untergeht.

Auch dies ist eine Lockerung des Denkens. Denn *über den Anfang der Welt können wir immer nur durch Berichte, durch Medien, durch das, was Menschen geglaubt, gehofft, vermutet oder befürchtet ha-*

ben, erfahren. Wir haben gesehen, daß auch die biblischen Schöpfungsberichte in diesem Sinne Glaubenszeugnis von Menschen sind.

Trotzdem bleibt die drängende Frage: Welcher Rest bleibt stehen, wenn man die vergangenen und überholten Vorstellungen und Bilder aus den Schöpfungsberichten streicht? Fällt dann auch der Schöpfer selbst dahin, der Anfang der Welt in einem einmaligen Akt überhaupt? Ist das ganze Universum vielleicht gefangen in einem irrsinnigen Kreislauf? („Es gibt nichts Neues unter der Sonne", so sagte schon der Prediger Salomo.)

Hier zeigt sich bei Astronomen und Physikern, die mit unvorstellbar komplizierten Apparaten in die Weite des Alls hineinlauschen, begreiflicherweise eine Unsicherheit, die sich in verschiedenen Hypothesen äußert. Es scheint, als ob sich die Sterne und Spiralnebel mit unvorstellbarer Geschwindigkeit voneinander wegbewegen. Ist das Weltall durch eine Explosion entstanden? Fliegen die Bruchstücke fast mit Lichtgeschwindigkeit in die unendliche Weite hinaus? Diese Theorie vom Donnerschlag am Anfang des Alls ist heute weit verbreitet. Aber auch sie ist ein Modell. Wir können auch hier nichts messen und wiegen, denn das Licht jenes Spiralnebels, den wir heute beobachten, ist vielleicht eine Milliarde Jahre unterwegs, und der Spiralnebel selbst, der es aussandte, könnte seit ein paar Millionen Jahren längst nicht mehr existieren.

Hierbei ist nun *eine* Feststellung überaus wichtig: daß nämlich der Anfang alles Kosmischen naturwissenschaftlich nicht ableitbar ist. Die Naturwissenschaft erkennt, es gibt keinen zwingenden Grund dafür, daß das Universum sein müßte. Die Natur existiert nicht notwendigerweise, sie könnte ebensogut nicht sein. Die Frage: „Warum gibt es einen Kosmos?", „Warum gibt es die Natur?", kann die Naturwissenschaft selbst *nicht* beantworten. Unser Denken, das auf Kausalität beruht, versagt hier. Wir können in diesen Fällen nicht mehr eine Wirkung auf eine Ursache zurückführen. Wir können wohl die Ursache der Planetenbewegung ergründen: nämlich Fliehkraft und Anziehungskraft. Wir können auch die Frage, warum ein Gegenstand von oben nach unten fällt, beantworten: Die Ursache erkennen wir in der Anziehungskraft der Erde. „Warum hat ein Pkw eine bestimmte Geschwindigkeit?" Als Ursache liegt eine bestimmte Energiezufuhr zugrunde. Die Wirkung wird jeweils auf eine bestimmte Ursache zurückgeführt. Die Ursache liegt also zeitlich vor der Wirkung. Die Ursache für die Existenz des Kosmos kann aber *nicht* aus Naturgesetzen abgeleitet werden; denn „die Kausalität kann immer nur spätere Vorgänge durch frühere erklären, aber niemals den Anfang" (Heisenberg). Wollte man den Anfang des Kosmischen erklären, müßte man vor den Anfang des Raum-Zeitlichen kommen können. Uns, die wir dem „Raum-Zeitlichen“ angehören, ist aber der Bereich „jenseits von Raum und Zeit“ oder „vor dem Raum-Zeitlichen“ nicht zugänglich.

Wenn die Bibel nun von Schöpfung spricht, bringt sie damit zum Ausdruck, daß die Raum-Zeit-Dimension und somit auch die Kausalität einer *anderen* Dimension als der raum-zeitlichen entstammen, d. h. zugleich: Schöpfung kann nicht mit Kausalität verrechnet werden, Schöpfung ist kein Vorgang, der auf ein Naturgeschehen zurückgeführt werden kann; denn der Schöpfungsakt schafft zwar ein Naturgeschehen, ist selbst aber *kein* Naturgeschehen. „Schöpfung“ liegt folglich „außerhalb“ jeglicher Naturgesetzlichkeit. Die Naturwissenschaft bezeichnet einen nicht ableitbaren Anfangszustand mit dem Wort „kontingent“. Dieser Begriff bedeutet so viel wie Zufälligkeit im Gegensatz zur Notwendigkeit.

Es gibt also, naturwissenschaftlich gesehen, keine Notwendigkeit, daß das Universum, daß das Leben, daß die Naturgesetze von der Art, wie wir sie antreffen, sein müßten. Die Nichtableitbarkeit (Kontingenz) beweist nicht, daß die Existenz von „Himmel und Erde“ auf einen „Ur-sprung“ zurückgehen müsse, kann aber auch nicht den Hinweis auf einen solchen ausschließen.

So zeichnen sich grundsätzliche Grenzen unserer Erkenntnis ab. Hat der Kosmos eine Geschichte, einen Beginn und ein Ende und dazwischen eine nach vorn laufende gestreckte Zeit? Oder kreist er unsinnig um sich selbst? Vielleicht könnte der Glaube bei den beiden Möglichkeiten noch antworten: „Am Anfang schuf Gott Himmel und Erde“, aber als Konstrukteur eines Zirkels wäre dieser Gott sicherlich schlechter zu denken als jener, der souverän „ruft dem, was nicht ist, daß es sei“ (Römerbrief, Kapitel 4, Vers 17).

Während so die Astronomen und Physiker streiten, während sie merkwürdige Signale vom Rande des Universums zu deuten versuchen und aus Mondgestein und physikalischen Gesetzen Herkunft und Zukunft der Welt zu erkennen suchen, könnte uns ein Schwindel erfassen, wie er dem Philosophen Pascal widerfuhr: „Bedenke ich die kurze Zeit meines Lebens, aufgezehrt von der Ewigkeit vorher und nachher, bedenke ich das bißchen Raum, den ich einnehme, und selbst den, welchen ich sehe, verschlungen von der unendlichen Weite der Räume, von denen ich nichts weiß und die von mir nichts wissen, dann erschaudere ich und erstaune, daß ich hier und nicht dort bin, weshalb jetzt und nicht dann. Wer hat mich hingestellt? Durch wessen Anordnung ist mir dieser Ort und diese Stunden bestimmt worden?“

Wir fangen immer in der Mitte an. Mitten in der Geschichte des Universums begann plötzlich das Leben auf der Erde. Es war natürlich nicht so, daß am dritten Tag die Pflanzen, am fünften und auch am sechsten Tag die Tiere und schließlich an diesem sechsten Tag der Mensch erschaffen wurde. Nach allem, was wir wissen, hat sich das tierische und dann auch das menschliche Leben aus sehr einfachen Anfangsformen entwickelt. Als diese Erkenntnis im 19. Jahrhundert durch Darwin und andere Forscher aufgebracht wurde, bedeutete sie für den Schöpfungsglauben eine Krise ohnegleichen. Nicht ein Schöpfer, sondern ein inneres Gesetz, ein Entwicklungsprozeß, der ohne transzendentes Eingreifen voranschritt, hatte zum Menschen geführt.

Zwar blieben auch hier Lücken. Wie kamen Entwicklungssprünge und plötzliche Veränderungen, Mutationen, zustande? Auf welche Weise wurde die Gestalt eines Tieres an die Jungen weitergegeben? Die moderne Molekularbiologie sieht heute jedoch klarer. Die Vererbung läßt sich genau erklären. Man kennt den „genetischen Code", jenes Bündel von Nachrichten, das die Kinder den Eltern ähnlich werden läßt. DNS-Moleküle, Chromosomen und Erbinformationen sind keine rätselhaften, geheimnisvollen Größen mehr. Mutationen und Entwicklungssprünge werden erklärbar, und der Lehre Darwins von der Entwicklung wird der Schlußstein aufgesetzt.

Man kann heute zum Beispiel nicht nur erklären, warum sich der Schneehase im Gebirge durchgesetzt hat (er wurde seltener das Opfer von Raubtieren als sein dunkler Genosse), sondern man weiß auch, wie es zum Schneehasen kam, nämlich durch einen Entwicklungssprung der Vererbung. Dennoch bleiben Fragen. „Die praktischen Verbesserungen an der Karosserie eines Sportwagens sind ein ganz anderer Prozeß, als die Erfindung des Autos selbst es war. Ist das Auto etwa durch die Summierung winziger Verbesserungen aus einem Pferdewagen allmählich hervorgegangen? Gewiß nicht. Es bedurfte dazu der einen sprunghaften, grundsätzlich neuen Erfindung – nämlich des Motors. Bei den Tieren drängt sich eine ähnliche Vermutung auf: Die Entwicklung der höheren Säugetiere aus der Amöbe ist – selbst wenn eine halbe Milliarde Jahre zur Verfügung standen – allein mit den nützlichen Trippelschritten verbesserter Anpassung schlecht vorstellbar. Außerdem ist die Amöbe selbst bereits so gut angepaßt, daß sie immer noch existiert!" So lesen wir bei dem Biologen Joachim Illies.

Der Sprung von der toten Materie zum Leben, der Sprung hin zum Menschen, das alles läßt sich beschreiben. Aber warum wurde der Sprung vollzogen? Vielleicht gab es nur ein einziges Mal die Chance, daß das Leben durch einen solchen Sprung zustande kam. Ist sein „Woher und Warum" der pure Zufall? Ein sinnvoller Kosmos, ein Plan, der zum Menschen führte – ist das alles unmöglich? Aber so weit kann der Naturwissenschaftler nicht gehen. Jacques Monod, der französische Biologe und Nobelpreisträger, der diese Meinung vertritt, schreitet damit von seinem ureigensten Metier in den Bereich der Theologie und der Philosophie hinein. Er tut es nicht leichtfertig. Er will eben gerade mit Hilfe seiner Wissenschaft Aussagen über den Menschen, sein Wesen und den Sinn des Daseins machen. Aber damit verläßt er den Boden seiner Wissenschaft. Der Zufall könnte bei ihm ja auch nach einem Wort des griechischen Philosophen Demokrit ein Deckmantel der eigenen Ratlosigkeit sein. Er versteckte dann Gott im Zufall!

Es zeigt sich, daß die Welt eine Medaille mit zwei Seiten ist. Betrachtet man sie von der naturwissenschaftlichen Seite her, so ist das Vorhandensein jener anderen Seite immer schon vorausgesetzt. Der Naturwissenschaftler kann zu dieser Seite entweder schweigen, oder er wird zum Philosophen und Theologen. Die Thesen aber, die er über diese zweite Seite formuliert, können aufgrund desselben naturwissenschaftlichen Befundes ganz anders aussehen. *In, mit und unter den naturwissenschaftlichen Vorstellungen meldet sich immer die Frage nach dem Warum und Wozu, nach dem Woher und Wohin an.* Der biblische Schöpfungsglaube redet entschlossen über diese Seite, und es bleibt Aufgabe jeder Zeit, die Anstrengung des Denkens zu unternehmen und beide Seiten zu sehen, ohne sie zu vermischen.

Der „zweite Schöpfer"?

Wir beginnen immer in der Mitte. Wenn man das verantwortliche Handeln des Menschen hinzunimmt, muß man sagen: Wir handeln immer schon, bevor wir uns darüber klar werden, was wir dürfen und was wir nicht dürfen. Der Schöpfungsglaube ist auch in diesem Horizont von Bedeutung. Er ist nicht illusionärer Trost, der uns durch ein Gefühl der Geborgenheit in einem von Gott gesteuerten Kosmos beruhigt, sondern er spricht gerade davon, daß der Mensch zur Verantwortung berufen ist. Die Naturwissenschaft und ihr Kind, die Technik, haben nun heute diese Verantwortung des Menschen so unermeßlich vergrößert, daß die Folgen seines Handelns dem Menschen immer unabsehbarer erscheinen.

Die Atomphysik und die Molekularbiologie erweitern ja nicht nur unser Wissen, sondern auch unser Können. Man spricht zum Beispiel von der Chromosomenchirurgie, die die Möglichkeit eröffnet, in die Gestaltung des menschlichen Lebens selbst einzugreifen. Der Schöpfungsprozeß verlagert sich von einer undurchschaubaren und unbeherrschbaren Dunkelzone ins helle Licht menschlicher Rationalität. Wird der Mensch zum zweiten Schöpfer, nicht nur im Sinne der technischen Bewältigung der Umwelt, sondern auch im Sinne der Gestaltung, ja, der Schöpfung von Leben?

Deshalb kommt die Frage auf, ob der Mensch, der fast alles kann, was er will, auch alles wollen darf, was er könnte. Naturwissenschaftliche Forschung erweitert in diesem Sinne zunächst den Raum möglichen menschlichen Handelns, indem sie immer mehr Probleme technisch beherrschbar macht. Das Schema heißt: „Wenn ... – dann". Wenn wir nur alle Daten, Temperatur, Luftdruck, Windgeschwindigkeit usw. des Wetters in der ganzen Welt exakt beieinander hätten und wenn wir nur schnell genug damit zu rechnen verstünden, könnten wir exakte, langfristige Wetterprognosen abgeben. Wer weiß, wann das schon möglich sein wird! Wenn wir nur ein Gerät hätten, das wie ein Flugzeug langsam in die Höhe steigt bis in den leeren Raum und ebenso langsam wieder zurückzusinken vermöchte, denn wäre der Tag nicht mehr fern, an dem normale Zeitgenossen den blauen Planeten als Kugel im Raum schweben sehen könnten – direkt, ohne Fernsehen. Wann wird es einen solchen Raumgleiter geben?

Aber können wir auch die Konsequenzen exakt überschlagen? Es gibt genügend Gründe heute, nicht alle Möglichkeiten auszuschöpfen, die sich bieten. Vielleicht haben wir schon manches falsch gemacht. Die Einführung des Autos könnte ein solcher Fehler gewesen sein (wer weiß?!), und als das Fernsehen erfunden und industriell ausgewertet wurde, hat sich niemand darüber Gedanken gemacht, ob man es vielleicht aus diesen oder jenen Gründen nicht lieber hätte bleiben lassen sollen. Was also hat der Mensch im Fortschrittsprozeß zu verantworten? Welche der Möglichkeiten nach dem Wenn-dann-Schema soll er benutzen und welche nicht? Gewiß, die Wissenschaftler befinden sich in einem Prozeß des lebendigen Austausches. Sie können Ziele vereinbaren. Aber führt nicht das unermeßlich wachsende Maß der Verantwortung zu einer neuen Rückfrage nach den Grundlagen, die der Natur und dem Menschen vorgegeben sind?

Die biblischen Schöpfungsberichte könnten so eine kritische Anfrage an uns darstellen. Denn die totale Machbarkeit der Welt, die perfekte Steuerung des Geschehens, die Manipulation der Verhältnisse und der Menschen –, das alles ist mit der biblischen Verantwortung des Menschen gegenüber der Schöpfung nicht gemeint.

Wenn es hier heißt, daß wir uns die Erde untertan machen sollen, so geht es dabei immer um das Wohl des Menschen. Alles soll ihm zum Dienst vorhanden sein. Er soll seine Erde nicht ausbeuten, sondern wie einen Garten bebauen und bewahren. Wir müssen uns der Frage stellen, ob und wie wir dieser uns übertragenen Verantwortung gerecht werden.

Hinweise zur Vertiefung

Wo Sie biblische Berichte über die Schöpfung finden können, haben wir Ihnen in Brief 4 gezeigt. Vielleicht nehmen Sie die Texte noch einmal zur Hand.

Literatur zum Thema

Werner Heisenberg, Schritte über Grenzen. Gesammelte Reden und Aufsätze, R. Piper & Co, München 1971.

Joachim Illies, Für eine menschenwürdige Zukunft. Die gemeinsame Verantwortung von Biologie und Theologie, Herder-Taschenbuch Nr. 432.

Joachim Illies, Zoologie des Menschen. Entwurf einer Anthropologie, R. Piper & Co., München 1971.

Wir empfehlen ferner die Hefte von:

Paul Römhild, Am Anfang schuf Gott Himmel und Erde. Schöpfung und Naturwissenschaft; und: Erwägungen zu den Grenzen unseres Wissens und Handelns.

Diese Hefte sind nur zu beziehen bei der Ev.-luth. Volkshochschule in 8591 Alexandersbad.

Wie es weitergehen soll

Wir sahen, daß die biblischen Schöpfungsberichte uns und unsere Aktivitäten in Frage stellen. Werden wir den Chancen der Schöpfung gerecht, oder vertun wir sie? Warum kommt es immer wieder zu Sünde, Schuld und Entfremdung? Sind wir unfähig zur Verantwortung? Darüber lassen Sie uns im nächsten Brief nachdenken.

Mit herzlichem Gruß
Ihre Projektgruppe Glaubensinformation

Brief 6:

Sünde, Schuld, Entfremdung ...
Die Lüge von der heilen Welt

Liebe Kursteilnehmer!
Der Auftrag gegenüber der Welt, der uns durch die Schöpfung mitgegeben ist und der im letzten Brief bereits anklang, sollte unsere eigene Initiative und Phantasie beflügeln. Wir sind beauftragt, die Schöpfung verantwortungsvoll weiterzuführen. Was wir aus dieser Verantwortung machen, besprechen wir im heutigen Brief.

Wir tragen Verantwortung oder: Die Sache mit der Freiheit

Ein weites Feld, die Welt „zu bebauen und zu bewahren" (vgl. 1. Mose, Kapitel 2, Vers 15) tut sich vor uns auf. Geniale Zukunftspläne können wir schmieden. Verantwortungsvolle Entwürfe beispielsweise auf dem Gebiet des menschlichen Zusammenlebens, der Raum- und Stadtplanung, drängen sich auf. Malen wir uns einmal ein befreiendes Bild aus:

In menschenfreundlichen Städten, mit Grünzonen durchwachsen, werden ruhige Wohnviertel von Seen und sauberen Flüssen umgeben. Abgaslose Verkehrsmittel gleiten schnell und geräuschlos dahin. Autofreie Fußgängerparadiese gefährden niemanden mehr. Fröhliche Kinder tummeln sich auf Abenteuerspielplätzen. Alte und junge Menschen leben ohne Aggressionen harmonisch zusammen. Die Fabriken liegen so umweltfreundlich, daß sie die Wohngebiete nicht stören noch die Luft verunreinigen. Alle Dienstleistungseinrichtungen sind dezentralisiert. Erholungs- und Bildungsmöglichkeiten liegen vor der Haustür. Alle Planungen von Bau, Wirtschaft, Verkehr, Bildung, Gesundheit und Arbeitsmarkt sind so aufeinander abgestimmt, daß es uns beglückend unwirklich erscheint: Eine humane Stadt, ein paradiesisches Bild.

Warum gelingt es uns eigentlich nicht, die Welt so zu bebauen und zu bewahren? Was hindert uns daran, unseren Plan von einer friedvollen, schönen Welt zu verwirklichen? Warum nur werden immer wieder Abstriche an unseren Wünschen, Hoffnungen und Zielen gemacht?

Wir schieben Verantwortung ab oder: Die Sache mit dem Apfel

Wenn unser Plan fertig ist, kommen sie alle und streichen: Die Geldgeber begrenzen die finanziellen Möglichkeiten, sperren die Zuschüsse, die Industriellen wollen rationeller gestalten, nicht zuletzt, um ihre eigenen Interessen durchsetzen zu können. Wir finden überall Schuldige, die unseren Plan verwässern. Wir finden die Architekten, die die zementierten Wohnfabriken bauen. Wir kommen auf die Baugenossenschaften, die ihren Profit vergrößern. Oder wir staunen zuletzt über den unausrottbaren Hang zum Einfamilienhaus.

Alle zusammen lamentieren wir dann über „die da oben“. Über Regierung und Parlamente, die Gesetze und Verordnungen erlassen, die unseren Plan verstümmeln.

Gehörten wir aber zu „denen da oben“, würden wir uns *genauso* als „Opfer“ sehen: Schuld an der Misere sind dann etwa geschichtliche Fehlplanungen, an deren Erbe wir eben zu nagen haben, aus deren Erbmasse wir nicht ausbrechen können. Oder wir entschuldigen uns mit dem Bewußtseinszustand der Gesellschaft, die eben auf Grund sozialer Einflüsse nicht so weit ist, daß sie Reformen verstehen könnte. Zuletzt sehen wir uns als Opfer unseres politischen Schicksals, verwickelt in internationalen Verpflichtungen und vielerlei Rücksichtnahmen, die uns hindern, unsere Pläne zu verwirklichen. Auf alle Fälle haben wir keine Schwierigkeit, Schuld und Schuldige aufzuspüren. Wir fühlen uns in unserer Anklage im Recht. Tatsächlich steckt ja auch ein gutes Stück Wahrheit darin.

Wir schieben also ab. Zu gern und zu schnell verstecken wir uns alle hinter dem Pappkameraden „Gesellschaft“ wie Adam und Eva hinter der Schlange: Schuld sind immer die anderen, schuld ist immer die Gesellschaft, die für uns der Inbegriff dessen ist, was uns umzingelt und dahin treibt, wohin wir *nicht* wollen.

Doch dieses Knäuel „Gesellschaft“ läßt sich entwirren. Um in unserem Bild zu bleiben: *Wir* als Autofahrer sind es doch, *wir* als Architekten, Wohnungsbauer, Grundeigentümer und Abgeordnete, die wir unsere eigenen Interessen durchsetzen wollen. Diese Interessen verselbständigen sich dann schnell und haben ihre eigenen

Gesetze. Selbst der junge Karl Marx schreibt: „*Die eigene Tat des Menschen*“ wird „ihm zu einer fremden, gegenüberstehenden Macht, die ihn unterjocht, statt daß er sie beherrscht.“

Doch wir alle (wir Unternehmer und Arbeitgeber, wir Väter und Mütter, wir Kollegen und Konkurrenten), wir *stehen* nicht zu unserer eigenen Tat und zu unseren Unterlassungen. Wir verspielen unsere Verantwortung durch unseren Hang zur Unfreiheit: Wir berufen uns (vgl. 1. Mose, Kapitel 3, Vers 8) gern auf unsere biologische Anlage, für die wir nichts können. Wir verschanzen uns hinter unseren biologisch bedingten Reflexen wie Ratten. „An die Stelle der Gottebenbildlichkeit tritt die Rattenebenbildlichkeit“, sagt der Psychologe Albert Wellek. Doch die biologische Entwicklung gibt uns keine Antwort auf die Frage „Was ist der Mensch?“, sondern zeigt nur den zeitlichen Ablauf der Entwicklung vom Niederen zum Höheren.

Oder wir verstecken uns hinter unserer Erziehung und dem Milieu, aus dem wir kommen. Aber auch die gesellschaftliche und familiäre Bedingtheit des Menschen gibt uns keine Antwort auf die Frage „Was ist der Mensch?“, sondern sie zeigt nur die Formen der sozialen Beeinflussung auf.

Wenn nichts anderes mehr Deckung bietet, fliehen wir ins Gebüsch des Schicksals, des Undurchschaubaren. Vielleicht nennen wir dieses „X“ auch noch „Gott“.

Alle diese Verstecke und Ausreden sind verlockend. Sie bergen ja auch ein Stück Wahrheit. Aber mitten in diesen Fluchtgebüschen unserer Stadt werden wir nun von Gottes Anruf gestellt: „Adam, wo bist du?“ (vgl. 1. Mose, Kapitel 3, Vers 9). Ver-Antwortung heißt Antwort geben müssen.

Die Misere unserer *Raum*planung ist also vor allem die Misere unseres eigenen Herzens. Dieses Herz spiegelt sich in den gesellschaftlichen Abläufen wider: Wie wir Menschen, so unsere Städte: Lieblose Menschen produzieren lieblose Städte. Wir verurteilen andere und schieben Verantwortung ab. *Dieses Verschiebespiel ist so alt wie die Menschheit selber:* Auch in der weisen, psychologisch so tiefsinnigen Geschichte mit dem Apfel gibt Adam Gott gegenüber nicht zu: „*Wir* haben ihn gegessen“, sondern er zieht seinen Hals gewandt aus der Schlinge (oder besser: er bildet sich ein, das zu können): „Das Weib da hat ihn mir gegeben.“ Und auch Eva flüstert keineswegs schüchtern: „Ja, *ich* war's“, sondern sie schiebt ihrerseits die Schuld auf die Schlange.

Das Weib, die Schlange, die anderen, die da oben, die Erbmasse, das Milieu – vieles fällt uns ein, wenn wir Verantwortung von uns weisen und einen Druckposten gegenüber dem Anruf Gottes beziehen wollen (vgl. 1. Mose, Kapitel 3, Vers 12f).

Wir verspielen die Gemeinschaft oder: Das verlorene Paradies

Wir klagen andere an und merken gar nicht, wie einsam wir dadurch werden. Auf der Suche nach dem Schuldigen sind wir auf unsere eigenen Vorteile so fixiert wie das Kaninchen auf den Blick der Schlange. Jeder von uns plant und baut seine Stadt nach seinen eigenen egoistischen Wünschen. So schaffen wir ein unmenschliches Betonchaos wie zu Babels Zeiten (vgl. 1. Mose, Kapitel 11, Vers 1–9). Wir können uns gar nicht mehr über unsere Ziele verständigen, wir verstehen uns gegenseitig nicht mehr (vgl. 1. Mose, Kapitel 11, Vers 7). Unsere babylonischen Betonbunker errichten wir auf Kosten der Gemeinschaft. Wir planen für uns in unserer Stadt die komfortabelsten Wohnungen, um „schöner zu wohnen“, schließen uns in ihnen wie in einem Käfig ein und merken gar nicht mehr, wenn nebenan „gestorben wird“. Jeder plant nur für sich. Was dabei herauskommt, ist Einsamkeit. Ein wahrer Teufelskreis: Das Eigeninteresse führt zum Gemeinschaftsverlust, das Abkapseln bringt Angst mit sich, die Angst führt zu feindseliger Haltung den anderen gegenüber, der Streit aber wieder zu verstärktem Eigensinn. *Selbst in den offensten Wohnungen bleiben bei verengten Herzen die Türen für den Nachbarn geschlossen.* „Kontakt“ mit ihm ist nur noch durchs Schlüsselloch möglich. Dabei hilft uns sogar noch die Enthüllungs- und Regenbogenpresse. Wir verstecken uns voreinander (vgl. 1. Mose, Kapitel 3, Vers 8–10), haben Angst, wir selbst zu sein (vgl. 1. Mose, Kapitel 3, Vers 7), spähen argwöhnisch durchs Schlüsselloch und tuscheln über andere. (Wundern Sie sich nicht über unsere biblischen Hinweise? All das steht tatsächlich in diesem Buch!)

Wehe, wir werden in unserem Käfig gestört!:

> „*Das Spielen der Kinder*
> auf Hof, Flur und Treppe
> sowie das Umherstehen vor der Haustür
> *ist streng untersagt!*“

Im „Jahrhundert des Kindes“ tragen wir unsere Streitigkeiten auf dem Rücken dieser Kleinen aus; denn wir reden nicht mehr miteinander. Wir empören uns über das rüpelhafte Verhalten der Nachbarkinder und wollen im Grunde ihre Eltern treffen. Weil wir uns in unseren Wohnungen verstecken, nicht mehr wir selbst sein wollen, können wir keine Gemeinschaft mehr haben. Wer nur sich selbst liebt, kann Liebe nicht mehr weitergeben. Die Entfremdung schreitet fort.

Wir können nicht mehr zurück oder:
Die Lüge von der heilen Welt

Selbst wenn alle genannten Planungsprobleme beseitigt wären, stellt sich die Frage, ob wir überhaupt Menschen finden, die fähig sind, verantwortungsvoll Pläne zu schmieden und Entscheidungen zu treffen. Henry Miller, der bestimmt kein Christ ist, schreibt über den Stadtriesen New York:

„Man staunt wirklich, wie dieses Babel der modernen Welt jemals für menschliche Wesen wohnlich gemacht werden kann. Es genügt nicht, die Slums niederzureißen oder jeden verarmten Bürger auf Almosen zu setzen; *man muß einen neuen Menschen zeugen*, einen neuen Geist eingießen, neues Blut in diese verdutzten armen Teufel. *Man kann keine Modellstadt bauen ohne Modellbürger. Wo bekommen wir sie her?* – All die berühmten verschwundenen Weltstädte von einst bargen in sich den Keim der eigenen Zerstörung. Der wahre Feind ist stets der Feind im Innern."

Ähnlich der Psychoanalytiker Mitscherlich, ebenfalls christlich wohl kaum vorbelastet: Planung „darf nicht den Ehrgeiz haben, durch neue Häuser, neue Stadtgebilde die gesuchten Menschen zu erzeugen. Umgekehrt: nur ihrer Lage ansichtig gewordene Menschen könnten den Mut finden, jene Tabus zu brechen, die einer wirklichen Neugestaltung der gigantischen Stadtwelten im Wege stehen."

Doch auch für ihn ist das Hauptproblem: „Woher diese Menschen nehmen?" Das Paradies ist verloren, der Zugang verwehrt (vgl. 1. Mose, Kapitel 3, Vers 24). Um diese Erfahrung weiß die Menschheit von je. Wir finden uns immer schon „jenseits von Eden" vor. Dies und nur dies ist auch der Sinn des Begriffs „Urschuld" (*Erb*sünde ist unbiblisch).

Wir können diese Tatsache krampfhaft verdrängen, indem wir romantisch eine heile Welt ersehnen. Oder wir treten die Flucht nach vorn an, erträumen uns wie Karl Marx ein idyllisches Bild einer kommenden Paradiesesgesellschaft: „... heute dies, morgen jenes zu tun, morgens zu jagen, nachmittags zu fischen, abends Viehzucht zu treiben, nach dem Essen zu kritisieren, wie ich gerade Lust habe."

Aber wir können nicht zurück. Die heile Welt ist verloren. Wir merken dies in Situationen, wo wir auf alle Fälle schuldig werden, ganz gleich, wie wir uns entscheiden – selbst wenn dies aus Liebe geschieht. Die Sehnsucht nach etwas Verlorenem bleibt. Die Tragik ist, daß wir es nicht mehr finden können. Woher diesen neuen Menschen nehmen?

Gott nimmt uns bedingungslos an oder: Das Leben kann noch einmal beginnen

Die Misere unserer Stadtplanung offenbarte sich als unsere eigene Misere. Unsere vergebliche Sehnsucht nach dem Paradies und unser Hang zur Verantwortungslosigkeit sind Symptome für die tiefste Entfremdung im Kern unseres Denkens, Lebens und Handelns. Wir können das Paradies nicht mehr erreichen, dennoch sind wir auf Gott hin geplant: „Du hast uns zu dir hin geschaffen, und unser Herz ist unruhig, bis es Ruhe findet in dir" (Augustinus). Diese Ruhe, diesen neuen Menschen, können wir nicht produzieren. Dieser neue Mensch kann man nicht mit eigener Willensanstrengung werden. Wir können nur zu begreifen versuchen, daß Gott uns zuerst geliebt hat, daß er „ja" zu uns sagt.

Unabhängig von unserer gesellschaftlichen Leistung, unserem Planen, trotz unseres gekonnten Verschiebespiels ruft er uns immer noch in den verschiedenen Verstecken unserer Stadt an: „Adam, wo bist *du*?" (vgl. 1. Mose, Kapitel 3, Vers 9). Wir sind bedingungslos angenommen. Selbst ein Kain war davon nicht ausgenommen (vgl. 1. Mose, Kapitel 4, Vers 15). Gott will uns ein neues Vertrauen schenken, den neuen Geist, den Henry Miller für New York so suchte.

Verantwortung auf neuer Basis oder: Christen sind nüchtern

Dieses Vertrauen hat eine prägende Kraft. „Neues Blut fließt in diese verdutzten armen Teufel" (Henry Miller), Verantwortung wird wahrgenommen.

Das Verschiebespiel ist unterbrochen. Gemeinschaft wird möglich. Doch täuschen wir uns nicht: Das Paradies ist verloren. Wir schieben Verantwortung weiter ab. Dennoch dürfen wir immer wieder neu anfangen. Wir werden verantwortungsvolle Pläne schmieden. Aber wir werden nicht verkrampft *gigantische* Türme bauen, sondern – ohne Größenwahn und utopische Träumerei, vielmehr unserer Schwächen bewußt – uns mit *menschlicheren* Städten zufriedengeben. Wir arbeiten nicht für eine neue Welt, sondern für bessere Lebensbedingungen und Strukturen in dieser alten Welt. In unserem Versagen dürfen wir „ja" zu uns sagen.

Trotz Versagen und Entfremdung sind wir nicht dem teuflischen Kreislauf unserer negativen Taten überlassen, sondern dürfen auf Gottes Zusage hin Neues wagen.

Hinweise zur Vertiefung

Lesen Sie bitte an Hand unserer Überschriften die Geschichte vom Sündenfall in 1. Mose, Kapitel 3.

Lesen Sie auch die Konsequenzen in 1. Mose, Kapitel 4 (Kain und Abel) sowie 1. Mose, Kapitel 11 (Turmbau in Babel). Vergleichen Sie diese letzte Geschichte mit der neutestamentlichen Pfingstgeschichte (Apostelgeschichte, Kapitel 2). Dort wird die babylonische Sprachverwirrung „rückgängig" gemacht. Zum Gesamtthema des Briefes vergleichen Sie bitte die folgenden Briefe über Jesus von Nazareth. Eigentlich kann man nur von ihm her verstehen, was Schuld heißt.

Themen für eine mögliche Gruppen-Diskussion:

1. Leuchtet Ihnen der Gedanke des „Verschiebespiels" ein, wie es in der Sündenfallgeschichte dargestellt ist? Sehen Sie Beispiele dafür aus dem Umkreis Ihrer Erfahrung?
2. Es ist ganz sicher ein großer Unterschied zwischen dem, was die Bibel „Sünde" (= Sonderung von Gott) nennt, und dem, was wir im allgemeinen als das „moralisch Schlechte" bezeichnen. Hinweis zum Nachdenken und Besprechen: Jesus nimmt die Sünder an (Zöllner, die damals ziemlich üble Gesellen waren, und Dirnen). Die Pharisäer aber schilt er, obwohl sie die größten Anstrengungen darauf verwendeten, vollkommen zu sein. Man kann sich also gerade durch einen bestimmten Willen zur Vollkommenheit von Gott trennen. Woran mag das liegen? (Beispielgeschichte: Lukas-Evangelium, Kapitel 18, Vers 9–14.)

Literatur zum Thema

Joachim Illies (Hrsg.), Die Sache mit dem Apfel. Eine moderne Wissenschaft vom Sündenfall. Dort finden Sie Beiträge von Wissenschaftlern aus den verschiedenen Fachgebieten. Herder-Taschenbuch Nr. 447.

C. S. Lewis, Dienstanweisung für einen Unterteufel. Auf amüsant-tiefsinnige Weise geht dieses ältere Buch auf die Frage der Versuchung ein. Herder-Taschenbuch Nr. 19.

Christa Meves, Die Bibel antwortet uns in Bildern. Tiefenpsychologische Textdeutungen im Hinblick auf Lebensfragen heute. Herder-Taschenbuch Nr. 461.

Wie es weitergehen soll

Auf Schuld und ihre Aufhebung kommen wir ja in Brief 14 noch ausführlich zurück. Gerade hier hat unseres Erachtens das Christentum mehr als bloß eine Hilfe zur Verdrängung anzubieten, nämlich die Vergebung. Sie ist abhängig von der Person Jesus Christus, von der wir darum auch in den drei nächsten Briefen schreiben wollen.

Herzliche Grüße
Ihre Projektgruppe Glaubensinformation

Brief 7:

Jesus, der Mann aus Nazareth – zur historischen Bestandsaufnahme

Liebe Kursteilnehmer!
Jesus im Showgeschäft, Jesus als Revolutionär, Jesus als Gottessohn: Jesus beschäftigt uns. Die verschiedensten Gruppen versuchen, den Mann aus Nazareth für ihre Interessen einzuspannen. Wer aber war dieser Jesus wirklich, und was wissen wir vom historischen Hintergrund seines Lebens?

Was können wir über den Jesus des Glaubens historisch feststellen?

Lange Zeit zweifelte kaum jemand daran, daß die vielfältigen Nachrichten des Neuen Testamentes über Jesus von Nazareth bis in alle Einzelheiten eine Art fotografisch genauer Protokolle des historisch Geschehenen seien. Heute verstehen wir die biblischen Texte aufgrund moderner und verfeinerter wissenschaftlicher Methoden anders – und vielleicht besser: Schon wenn wir die Bücher des Neuen Testamentes vergleichend lesen, stoßen wir auf Widersprüche, die uns darauf aufmerksam machen, daß es hier um etwas anderes geht als neutral registrierende Protokolle über bestimmte Ereignisse. So erzählt beispielsweise Lukas, daß Maria Magdalena und die anderen Frauen am Ostermorgen zwei Engel treffen, die ihnen die Auferstehung Jesu mitteilen. Bei Johannes aber ist es Maria Magdalena allein, die zunächst nur ein leeres Grab vorfindet (Lukas, Kapitel 24, Vers 1–12 und Johannes, Kapitel 20, Vers 1–10).

Solche und andere Widersprüche ließen die Theologen deshalb nicht in Ruhe. Welche Aussage ist hier die richtige? Besteht nicht auch ein zusätzlicher Widerspruch zwischen dem, was sich historisch über Jesus ermitteln läßt, und dem Jesus, an den die Christen als ihren Christus, ihren Befreier glauben? Um die Jahrhundertwende machten sich die Theologen daran, das Leben Jesu, wie es wirklich gewesen war, in den Griff zu bekommen. (Der erste Bahnbrecher für diese Fragestellung war übrigens schon ein Mann des

18. Jahrhunderts, der Hamburger Professor Samuel Reimarus.) Eine historische Präzisionsarbeit ohnegleichen setzte ein. Dabei war es nicht eigentlich die Neugier, die diese Forscher zu ihrer Arbeit trieb; sie hatten ein ernsthafteres Motiv: *Sie suchten nach einer historisch gesicherten Grundlage, die ihren gegenwärtigen Glauben wissenschaftlich bestätigen sollte.*

Ihre Ergebnisse jedoch waren verblüffend. Die meisten Forscher kamen zu einem Jesus-Bild, das alle Merkmale ihrer eigenen Zeit und deren Philosophie trug. Sie hatten es nämlich nur durch ihre Brille gesehen und begegneten deshalb ihrem eigenen Spiegelbild.

So mußte die Leben-Jesu-Forschung dieser Art scheitern. (Albert Schweitzer hat die Geschichte dieses Scheiterns in einem großen Werk dargestellt.) Hier taucht nämlich ein grundsätzliches Problem jeder historischen Forschung auf: Weil auch ihre Methoden und Fragestellungen, weil auch ihr Interesse dem Wandel der Zeit unterworfen ist, kann sie nie etwas ein für allemal Gesichertes hervorbringen. Übrigens ließen sich schon die neutestamentlichen Schriftsteller von den Fragestellungen ihrer Situation und ihrer Zeit leiten. Sie schrieben nicht als neutrale Berichterstatter, sondern – wie wir heute sagen würden – als „Engagierte“: Sie wollten erzählen, was sie Weltbewegendes und Lebenveränderndes mit diesem Jesus erlebt hatten. Sie sind an den Einzelheiten über das Wie, Wo und Wann dieses Lebens nur sehr bedingt interessiert. Unsere Quellen wollen also keine Tatbestandsaufnahme distanzierter Beobachter fürs Archiv einer wissenschaftlichen Bibliothek sein, sondern vielmehr die im Innersten beteiligte Verkündigung der ersten Christen. So finden wir in dieser werbenden Predigt, in diesem missionarischen Erzählen, im engagierten Nachzeichnen dessen, was Jesus gesagt und getan hat, *sowohl wichtige Informationen über die Gemeinde, die hier erzählt, wie auch über den, von dem sie spricht.* Dieser Satz soll ein wenig erläutert werden, denn die Einsicht in den besonderen Charakter unserer Quellen kann manchen falschen Anstoß an der Botschaft des Neuen Testamentes ausräumen und uns unnötige Mißverständnisse ersparen.

Der Charakter unserer Quellen

1. Alle wesentlichen Nachrichten über Jesus von Nazareth sind christlichen Ursprungs. Sie sind, wenn man so will, „parteiisch“. Das ist übrigens nicht negativ gemeint! Denn das eigene Engagement, das zu dieser Parteinahme führt, eröffnet zugleich Tiefen der Betrachtung, die dem bloß indifferenten Zuschauer verschlossen bleiben.

Die wenigen nicht-christlichen Notizen über Jesus, besonders einige Hinweise bei römischen und jüdischen Historikern, bringen nur wenig Information, zumal sie kein Interesse daran hatten, die Sache mit Jesus weiterzusagen. Immerhin zeigen auch sie, daß noch so große Skepsis heute nicht mehr ernsthaft bestreiten kann, daß Jesus gelebt und gewirkt hat.

2. Die Schriften des Neuen Testamentes zeigen sich sehr unterschiedlich interessiert an unserer heutigen Frage nach dem historischen Jesus. In der umfangreichen Briefliteratur werden zwar Einzelheiten der Verkündigung Jesu und seines Wirkens vorausgesetzt, aber so gut wie gar nicht erwähnt. Das liegt daran, daß die Briefe auf die aktuellen Probleme der ersten Gemeinden eingehen und ihr Interesse vor allem auf Tod und Auferstehung Jesu richten. Aber auch hier wollen insbesondere die Briefe des Paulus zeigen, was Tod und Auferstehung „für uns" in ihren Konsequenzen für ein neues Leben bedeuten.

Es sind eigentlich nur die Evangelien, insbesondere die drei ersten, auf die sich so gut wie alles gründet, was wir über den historischen Jesus wissen und in immer neuer historischer Bemühung aussagen können. Sie wollen erklären, wer dieser Jesus, der in den Gemeinden verkündet wird, eigentlich war und ist.

3. Aber auch die Evangelien des Matthäus, Markus, Lukas und Johannes sind nicht einfach exakte Berichte oder gar Protokolle. Da diese Evangelien erst nach dem Jahre 70 entstanden und damit jünger sind als die Paulus-Briefe aus den Jahren 49–56, sind ihre Verfasser schwerlich direkte Augenzeugen des Auftretens Jesu gewesen. Was sie berichten, ist auch ihnen schon überliefert worden, Sie stehen in einer Traditionsgeschichte und geben weiter, was sie in ihrer Gemeinde als zuverlässige Aussagen empfangen haben.

Solche Weitergabe ist aber immer zugleich auch Neuinterpretation und Anwendung der Überlieferung in einer neuen und sich ständig ändernden Situation: Die Jesus-Überlieferung wird angewendet, sie redet zu verschiedenen Empfängern auf sehr verschiedene Weise: Matthäus setzt andere Akzente als Lukas, Lukas wieder andere als Markus, Johannes hebt wiederum eigene Aspekte hervor. Jeder von ihnen läßt das mitschwingen, was *ihn* besonders an den Nachrichten über Jesus bewegt hat.

Das ist auch noch heute so: *Wer von uns über Jesus spricht, läßt dabei das zur Sprache kommen, was ihn am meisten anspricht.* Nach ähnlichen Gesichtspunkten wurde die Überlieferung bereits *vor* ihrer schriftlichen Niederlegung weitergegeben. Sie war lebendig und hatte eine ganz bestimmte Aufgabe im Leben der Gemeinde.

An einem Beispiel können wir das Gesagte veranschaulichen:

Irgendwann, wir wissen nicht, wann und wo, jedenfalls während seines öffentlichen Auftretens hat Jesus seinen Bußruf und die Einladung Gottes durch das Gleichnis vom großen Abendmahl ausgedrückt. Seine Jünger und Zuhörer erzählten diese Geschichte weiter; sie benutzten diesen Text, um andere zu gewinnen. Jesus hat das Gleichnis in aramäischer Sprache erzählt, zunächst wird es auch aramäisch weitergegeben. Mit der Ausbreitung der Botschaft Jesu, spätestens mit dem Einsetzen der urchristlichen Mission, ist der Text – ebenso wie die sonstige Verkündigung Jesu – ins Griechische übersetzt worden. Das geschah nicht nur einmal, sondern unabhängig an verschiedenen Stellen und auf verschiedene Weise. Die Überschreitung der Sprachgrenze bedeutet nun zugleich auch ein Überschreiten der Kulturgrenze: Formulierungen und Anschauungsmaterial der Gleichniserzählung ändern sich. So entstehen verschiedene Fassungen. Einen schriftlichen Text, der als Grundmuster dienen und an dem man dann zu weit gehende Verschiedenheiten feststellen und vielleicht berichtigen könnte, gibt es nicht; denn weder Jesus noch die erste christliche Generation haben uns Schriftliches hinterlassen. Das Nebeneinander der sich unterscheidenden Texte (Matthäus, Kapitel 22, Vers 1–14 und Lukas, Kapitel 14, Vers 15–24) ist vielmehr als Ergebnis des hier angedeuteten Vorgangs zu verstehen. Diese Lage der Dinge nötigt den Leser der Evangelien zu der Rückfrage nach der ursprünglichen Fassung unseres Gleichnisses: Was hat Jesus selber und de facto gesagt? Sprach er im Bilde vom Hochzeitsmahl von einem herrischen König, der über seinem Zorn die Hochzeit seines Sohnes vergißt und zunächst die „Stadt jener Mörder" anzünden läßt (so Matthäus)? Oder von einem einfachen Mann, der ein Abendmahl veranstaltet und, als die zuerst Geladenen ablehnen, Arme und Krüppel und Blinde und Lahme an seinen Tisch bittet (so Lukas)? Diese Fragen stoßen wiederum an die Grenze historischer Forschung, auf die wir oben hinwiesen.

Was für unser Beispiel gilt, ist grundsätzlich für die gesamte Jesus-Tradition vorauszusetzen: Da wir die Stimme Jesu nur im Zeugnis seiner Gemeinde fassen können, müssen wir bei unserer Frage nach dem historischen Jesus zu unterscheiden versuchen zwischen dem, was Jesus gesagt und getan hat, und dem, wie es die überliefernde Gemeinde nachher verstanden hat. Spätere Überlieferungen sind oft daran zu erkennen, daß sie sich gut von den Bedürfnissen der urchristlichen Gemeinde her oder als Übernahme aus dem Judentum bzw. Hellenismus erklären lassen. Absolute Sicherheit ist dabei natürlich nicht zu erreichen. Umgekehrt hat Anspruch auf Ursprünglichkeit, was sich schwer oder gar nicht in das jüdische Denken der Zeit Jesu einfügt und sich außerdem nicht mit den erkennbaren Anschauungen der späteren Gemeinde reimt.

Die moderne Forschung hat jedenfalls die Evangelien einer harten historischen Prüfung unterzogen. Sie sieht sich zwar außerstande, ein zusammenhängendes Bild des Lebens Jesu zu entwerfen, zugleich aber hält sie ein übertriebenes Mißtrauen für unangebracht, ein Mißtrauen, das etwa meint, man könne überhaupt nichts historisch Gesichertes über Jesus von Nazareth aussagen – und sich dessen womöglich noch rühmt. Wo man mit aller gebotenen Kritik nach der Verkündigung, dem Verhalten und dem Leben Jesu fragt, da kommt man zu dem Ergebnis, das der englische Theologe J. M. Robinson so formuliert hat: „Das Material, dessen Echtheit erwiesen wurde, reicht sowohl qualitativ als auch quantitativ aus, um eine Begegnung mit dem historischen Jesus möglich zu machen."

Das aber heißt natürlich nicht, daß das Material, dessen Ursprünglichkeit *nicht* mit den methodischen Mitteln heutiger Geschichtsforschung erwiesen wurde, historisch unecht sein muß.

Was können wir also über den sogenannten historischen Jesus sagen?

Wir nennen kurz die wenigen Daten, die uns das Neue Testament zum Leben Jesu liefert, um dann ausführlicher auf sein Auftreten und seine Verkündigung einzugehen.

Jesus – ein Jude aus der Stadt Nazareth

Als Sohn des Handwerkers Joseph und der Maria ist Jesus mit einer größeren Zahl von Geschwistern in Nazareth aufgewachsen. Über seine Kindheit, seine Jugend, seine Entwicklung, sein Aussehen und seine Gewohnheiten wird kaum etwas gesagt. Im Alter von etwa 30 Jahren schließt Jesus sich Johannes dem Täufer an, der als Prophet des Gerichts und der Umkehr den unbußfertigen Zeitgenossen das Gericht ansagt. Diejenigen unter seinen Hörern, die seinem Ruf zur Umkehr folgen, werden von ihm mit Wasser getauft und so auf die kommende Herrschaft Gottes vorbereitet.

Auch Jesus unterzieht sich der Johannestaufe, geht dann aber eigene Wege. Er tritt selbst als prophetischer Bußprediger auf. Im Unterschied aber zu Johannes dem Täufer tauft Jesus selbst dabei nicht. Er lebt auch nicht wie ein Asket in der Wüste am Jordan, sondern zieht durch das Land. Galiläa, insbesondere Kapernaum und die Gegend um den See Genezareth sind Orte seines Wirkens.

Sein Verhalten, seine Verkündigung und sein Handeln erregen Anstoß. Seine Familie fühlt sich bloßgestellt (Markus, Kapitel 3, Vers 21.31). Die jüdischen Lehrer empören sich.

Als Jesus zum Passafest nach Jerusalem kommt, um auch dort die Nähe der Herrschaft Gottes anzusagen, wird er verhaftet und gekreuzigt. Die Passionsgeschichte schildert den Prozeß Jesu. Dabei diente der Vorwurf, Jesus habe sich zum König der Juden aufwerfen wollen, als Vorwand für seine Verurteilung durch Pilatus. Wie auch immer das Geschehen am Karfreitag im einzelnen einzuschätzen ist, eines scheint über jeden Zweifel erhaben: Das Kreuz Jesu ist nicht als banaler Justizirrtum zu verharmlosen – es ist vielmehr die nahezu notwendige Folge seines Auftretens, seines Verhaltens und seiner Verkündigung. Davon soll jetzt die Rede sein.

„Gottes Herrschaft ist nahe herbeigekommen"

Diese Aussage ist eine Zusammenfassung der Verkündigung Jesu. Stand bei Johannes die Verkündigung des Gerichtes im Mittelpunkt, so bei Jesus die Zusage des Heils – Gottes Herrschaft ist nah!

Was heißt das? Jesus steht in der Tradition alttestamentlich-jüdischer Hoffnung auf die Erlösung Israels. Auch wenn er den Anbruch der Herrschaft Gottes nicht im einzelnen ausmalt, so hat er offenbar doch wie viele seiner Zeitgenossen und Anhänger das zeitwendende Kommen Gottes in nächster Zukunft erwartet: „Ich sage euch, es stehen einige hier, die werden den Tod nicht schmecken, ehe sie Gottes Herrschaft mit ihrer ganzen Macht in diese Welt haben einbrechen sehen" (Markus, Kapitel 9, Vers 1). Die drängende Naherwartung Jesu hat sich so nicht erfüllt. Doch ist seine Verkündigung der Herrschaft Gottes damit keineswegs hinfällig geworden: Ihre zentrale Aussage besteht nämlich in einem Doppelten: *einmal* darin, daß der Mensch die Herrschaft Gottes nicht herbeizwingen kann, sei er auch religiös noch so leistungsfähig. Und dann das *zweite:* Die Herrschaft Gottes ist nicht nur einer näheren oder ferneren *Zukunft* zugeordnet, sondern sie ist zugleich auch schon gegenwärtig.

Das gerade ist der unglaubliche und als Skandal wirkende Anspruch Jesu: die Behauptung nämlich, daß in seiner Person die Herrschaft Gottes schon ein Stück weit angebrochen und Gegenwart geworden ist:

Als man ihn fragt: „Bist du, der da kommen soll, oder sollen wir auf einen anderen warten?", da antwortet Jesus mit dem Hinweis auf das, was er sagt und tut: „Blinde beginnen zu sehen, Gelähmte gehen auf eigenen Füßen, Aussatzkranke werden heil, und Taube hören, Tote werden lebendig, und die Armen hören die Botschaft, daß Gott sich ihrer annimmt. Und glücklich, ja mehr noch: selig ist, wer keinen Anstoß nimmt, wenn er mich, einen einfachen Menschen, sieht, der doch die Herrschaft Gottes verwaltet" (Matthäus, Kapitel 2, Vers 5f).

Keinen Anstoß nehmen an Jesus heißt, sein Wort hören und nun *nicht* dagegen aufbegehren, heißt Anerkennen, daß Jesus mit Recht seine Sache zur Sache Gottes erklärt, bedeutet, es hinzunehmen, daß nichts Geringeres als mein Heil sich in der Begegnung mit Jesus entscheidet: „Wer sich zu mir bekennt, zu dem wird sich auch Gott bekennen!" (Lukas, Kapitel 12, Vers 8).

Weil Jesus an Stelle Gottes handelt, kann er neben der Zukünftigkeit der Herrschaft Gottes eben auch ihre Gegenwärtigkeit aussagen: Wenn er im Namen Gottes die „Dämonen" austreibt, dann ist das schon ein Stück gegenwärtiger Herrschaft Gottes.

Zeichen der Anwesenheit Gottes

Jesu Heilungswunder, auch die Dämonenaustreibungen, sind Zeichen der Herrschaft Gottes. Sie setzen ins Bild und in die Tat um, was seine Verkündigung sagt: Gott liebt den Gescheiterten, den Verzweifelten, den Armen, der seine Hilfe von Gott erwartet und nicht dem Wahn verfällt, sein Heil selbst „produzieren" zu können.

Daß so den *Armen* die frohe Botschaft verkündigt wird, das ist das entscheidende Zeichen der anbrechenden Herrschaft Gottes: Die Seligpreisung der Armen, an die wir uns so gewöhnt haben, ist eine ungeheure Herausforderung aller Frommen, aller, die religiöse Leistungen vorweisen können und sich darauf etwas zugute halten möchten. Auch die großen Gleichnisse erzählen die liebende Hinwendung Gottes zu den Armen, Entrechteten und Gescheiterten. Mit dem Gleichnis vom verlorenen Sohn zum Beispiel lädt Jesus seine Zuhörer dazu ein, sich darauf zu verlassen, daß Gott das Heil der Verlorenen will, daß er sich freut, wenn Kranke gesund, Arme beschenkt, Verlassene gefunden, Verstoßene angenommen werden.

Jesus *sagt* das nicht nur. Er vertritt nicht den bloßen „Gedanken", daß Gott gnädig sei, sondern er *zeigt* und *tut* Gottes Liebe. Er *ist* sie „in Person".

Was er verkündigt, macht er so anschaulich und erlebbar. Er meint dabei nicht die bloße Innerlichkeit, sondern den ganzen Menschen. Die Mahlgemeinschaft mit den religiös Entrechteten bringt das unüberbietbar zum Ausdruck.

Weil er in dieser Weise zum Mahl geladen hat und damit Gottes Freude veranschaulichte, hat man ihn beschimpft. Den Freund der verlogenen Zolleintreiber und der gesellschaftlich Ausgestoßenen nannten ihn deshalb die Musterfrommen, auch einen „Fresser und Weinsäufer“ (Lukas, Kapitel 7, Vers 34). Jesus begegnet ihnen nur mit dem schlichten Hinweis auf Gottes Willen, der sich in seiner Liebe zum Menschen vollzieht.

Gottes Wille ist radikaler als das religiöse Gesetz

Jesu Anspruch, den wahren Willen Gottes zu kennen und deswegen im Namen Gottes reden und handeln zu können, schlägt sich eindrucksvoll in der Art nieder, wie er das religiöse Leben seiner Zeit kritisiert. Diese Kritik ist schon in seiner Proklamation der Herrschaft Gottes, in der Verkündigung des Evangeliums an die Armen enthalten. Seine Zeitgenossen haben das deutlicher herausgehört als wir Heutigen, die an das christliche Vokabular allzusehr gewöhnt sind. Gerade darum haben sie auf seine Botschaft ja auch sauer reagiert und das „Kreuzige!“ über ihn ausgerufen.

Der Wille Gottes, wie er etwa in der Bergpredigt zum Ausdruck kommt, ist in seiner Auswirkung tatsächlich viel radikaler als das bestehende Gesetz und die religiöse Praxis. Hinter denen kann man sich verstecken, und oft genug steht das alles in krassem Widerspruch zum wahren Willen des Schöpfers. Um das sichtbar zu machen, übertritt Jesus geradezu demonstrativ die in seiner Zeit hochheiligen Sabbatgebote. Er *bricht* damit ein Tabu. Ein Satz aus dieser Auseinandersetzung, der bis heute voller Sprengkraft ist, besagt: „Der Mensch ist nicht um des Sabbats willen, sondern der Sabbat um des Menschen willen da!“

In gleicher Weise radikal ist Jesu Haltung in der Frage von rein und unrein (Markus, Kapitel 7). Er sagt, etwas Äußerliches kann den Menschen überhaupt nicht verunreinigen oder entweihen. Damit setzt er alle Speise- und Reinheitsgesetze der religiösen Bräuche seiner Welt außer Kraft. So sehen die Schriftgelehrten, die Frommen fassungslos, daß Jesus nicht, wie sie es tun, das Gesetz auslegt und weitergibt, sondern sich mit einem unerhörten „Ich aber sage euch“ sogar über Mose stellt! Sein Anspruch und sein Verhalten sind für sie nichts anderes als „gotteslästerlich“.

Die Bergpredigt zeigt in Matthäus, Kapitel 5, mit dem Gegensatz von „zu den Alten ist gesagt“ und „Ich aber sage euch“ die ungeheure Veränderung, die Jesus bringt: An die Stelle des Hasses soll die Liebe, die Feindesliebe treten, an die Stelle kompromißlerischer Notlösungen des Ehescheidungsproblems eine neue Gemeinschaftsordnung, die dem wahren Willen Gottes entspricht. Wenn die von Jesus angenommenen Sünder nun auch ihrerseits – in der Nachfolge Jesu – einander annehmen, dann wird Heil gelingen. *Darum* geht es Gott.

Historische Beweise machen noch keinen Glauben

Eine bis ins Detail gehende Rekonstruktion der Lebensgeschichte Jesu ist nicht möglich; das haben wir gesehen. Das Gesamtbild seines Lebens kann die Forschung zwar erkennen, die Einzelheiten exakt auszumachen ist ihr aber verwehrt.

Doch angenommen einmal, wir hätten jeden Schritt Jesu mit der Filmkamera verfolgt: würde dieser dreißig Jahre lange Film uns dann unweigerlich zum Glauben führen? Würde er uns zwingend Vertrauen gegenüber seiner Person abgewinnen?

Vertrauen verlangt den Einsatz unserer ganzen Existenz und nicht bloß die Anerkennung historischer Ergebnisse. So ist ja auch unbestritten, daß Jesus Wunder getan hat, und niemand seiner Zeitgenossen leugnete das. Doch wer schlug ihn ans Kreuz? Gerade diejenigen, die ja *gesehen* hatten, wie er das Leben vieler, die litten, von Grund auf veränderte. Eindeutig waren die Wunder in ihrer Wirklichkeit, *zweideutig* jedoch blieben sie im Blick auf den, der sie tat. Der in ihnen liegende Hinweis auf Gott konnte angenommen oder zurückgewiesen werden. Ein Beweis dafür, daß Gott sich mit Jesus verbunden hatte, waren auch sie für viele nicht. Auf jeden Fall aber waren sie eine Herausforderung, der gegenüber man sich zu entscheiden hatte.

Daraus ziehen wir einen außerordentlich wichtigen Schluß:

Selbst wenn es möglich wäre, das Leben Jesu, wie es die biblischen Schriften rühmen, als historisch absolut zuverlässig zu bestätigen, selbst wenn es gelänge, die ungewöhnlichen Tatsachen dieser Lebensgeschichte einwandfrei nachzuweisen: eine unantastbare Grundlage für den Glauben an Jesus als den, der das Geschick der Menschen und ihrer Welt von Grund auf verändern kann, hätten wir dadurch noch lange nicht.

Glauben ist nämlich noch mehr als die Aktivierung unserer

Gehirnzellen, mehr als die Übernahme von bloßen historischen Richtigkeiten. Es erfordert den Einsatz des *ganzen* Menschen, seines Denkens, Fühlens und Wollens, Glauben verwandelt Leben.

Hinweise zur Vertiefung

Die in unserem Brief angesprochenen Aspekte der Verkündigung und des Handelns Jesu können Sie etwa in folgenden Bibeltexten nachlesen:

1. Markus, Kapitel 3, Vers 1–6
2. Matthäus, Kapitel 20, Vers 1–16
3. Matthäus, Kapitel 11, Vers 2–6
4. Lukas, Kapitel 15
5. Lukas, Kapitel 6, Vers 20–49

Literatur zum Thema

Günther Bornkamm, Jesus von Nazareth, Urban-Taschenbuch Nr. 19.
Eduard Schweizer, Jesus Christus im vielfältigen Zeugnis des Neuen Testaments, Siebenstern-Taschenbuch Nr. 126.
Heinz Zahrnt, Es begann mit Jesus von Nazareth, Gütersloher Taschenbücher Nr. 23.

Wie es weitergehen soll

Sie werden bemerkt haben, daß wir in diesem Brief auf das Geschehen und die Bedeutung der Kreuzigung weniger ausführlich eingegangen sind und das im Christentum so zentrale Thema Ostern noch gar nicht behandelt haben. Wir halten aber diese beiden Themen für so wichtig, daß wir für sie zwei eigene Briefe vorgesehen haben.

Darum schließen sich hieran die beiden Briefe an:
Gott am Galgen – das Geheimnis des Kreuzes
und
Auferstehung – Anstoß, Ärgernis, neues Leben.

Wir grüßen Sie herzlich
Ihre Projektgruppe Glaubensinformation

Brief 8:

Gott am Galgen – das Geheimnis des Kreuzes

Liebe Kursteilnehmer!
Bei der historischen Bestandsaufnahme des letzten Briefes wurde deutlich, wie Jesu Auftreten folgerichtig zur Ausstoßung und Hinrichtung führen mußte. Wie verstand die erste Christenheit seine Kreuzigung, und was bedeutet sie für unseren Glauben?

Der Mißbrauch des Kreuzes

Kreuze sind wieder in Mode. Ob auf zarten Mädchenbusen oder an lederbekleideter Männerbrust, ob in Bronze, Silber, Gold, in Modeschmuck mit Steinen besetzt oder auch tätowiert: Man trägt wieder „Kreuz". Man trägt schöne kunstvolle Kreuze, wie ein Sternzeichen, ein Amulett, meist ohne Ahnung von den Hintergründen dieses Zeichens, über das man oft nicht mehr weiß, als daß es zwei im rechten Winkel gekreuzte Hölzer sind.

Aber auch bei denen, die sich etwas mehr dabei denken, wird das Kreuz gern mit einer Schutzschicht der Feierlichkeit oder der Gewöhnung umgeben und seine eigentliche Bedeutung damit entschärft. Auch hier ist es zu einem fast idyllischen Symbol geworden, zu einer Zierde von Kirchtürmen, Wänden und Grabsteinen ... Kein Wunder, daß nach dieser gewohnten Verniedlichung des Kreuzes nicht wenige Leute empört oder verärgert reagierten, als sie unlängst am Karfreitag in ihre Tageszeitung blickten und neben den anderen Todesanzeigen auf folgende Annonce stießen:

Jerusalem, Karfreitag
Nach qualvollem Leiden starb JESUS CHRISTUS am Kreuz.

Er trug unsere Krankheit und lud auf sich unsere Schmerzen.
Er ist um unserer Missetat willen verwundet und um unserer Sünden willen zerschlagen.
Die Strafe liegt auf ihm, auf daß wir Frieden hätten, und durch seine Wunden sind wir geheilt.

Am Sterbetag Jesu wird Ihnen in allen Kirchen unseres Kreises der lebendige Christus gepredigt!
Evangelische Jugend

Nun kann man sich ja wirklich über Form und Geschmack einer solchen Anzeige streiten. *Warum* aber waren so viele Leute schokkiert, wo doch in der Anzeige auch so positive Sätze ausgesagt wurden wie die aus Jesaja, Kapitel 53? Würden Sie vielleicht genauso reagieren? Tatsächlich ging es den jungen Christen darum, das harte, bittere Geschehen der Kreuzigung Jesu gegenüber einer honigsüßen, gefühlvollen Deutung oder einem gedankenlosen Mißbrauch des Kreuzes als Schmuckstück zu betonen und darauf hinzuweisen, daß das Kreuz keine ästhetische Angelegenheit, sondern eine rauhe und überaus bedrängende Sache ist.

Was das Kreuz tatsächlich war und ist

In der Tat ging es damals in Jerusalem um eine bedrückend unfeierliche, böse Geschichte. Da gab es eine römische Besatzungsmacht, eine korrupte Justiz, eine aufgehetzte Menge, eine fanatische, blinde Geistlichkeit und einen einsamen, gottverlassenen Menschen. Über diesen Mann hatte man die grausamste römische Todesstrafe verhängt, die sonst nur politischen Aufrührern und Sklaven vorbehalten war. Zitternd und zagend, betend und zweifelnd ging er sehenden Auges seinem Untergang entgegen. Als Verbrecher gebrandmarkt, geschlagen, bespuckt und verhöhnt, von seinen Gefährten unverstanden und im Stich gelassen, stand er dem Ausbruch von Haß und Gewalt gegenüber und litt echte, sehr, sehr menschliche Schmerzen. Ein Unschuldiger starb auf Golgatha, der Hinrichtungsstätte vor den Toren Jerusalems, einen langsamen, qual- und grauenvollen Tod, den Tod des Erstickens. Das war eine scheußliche Todesart.

Die Bibel erzählt uns sehr nüchtern, wie Jesu Leidensweg in allerletzter Einsamkeit ganz profan und unrühmlich endete. Er starb an einem Schandpfahl – und als verflucht galt, wer an einem solchen Kreuze hing.

Jesu Tod an diesem Fluchholz begrub zugleich die Erwartungen seiner Jünger, die in ihm die Zukunft Israels verkörpert sahen. Für sie war das Kreuz ein Zeichen grenzenloser Enttäuschung und Grund genug, in alle Winde auseinanderzulaufen. Für sie war nunmehr die Sache des Jesus gestorben. Das Kreuz war die Endstation aller Hoffnung, einer Sache mit vermeintlicher Zukunft. Solch ein

Kreuz gar als Zierde zu tragen, wäre damals einem Skandal gleichgekommen. Ja: Jesu Tod war – menschlich gesehen – eine Skandalgeschichte und für seine Umwelt ein Schock.

Ein vorbildlicher Mensch

Dabei war Jesus alles andere als ein Verbrecher. Nach den Schilderungen des Neuen Testaments war er liebevoll und gütig, ein Mensch, der selbstlos und ohne Rücksicht auf die Vorurteile seiner Zeit für die Ausgestoßenen und Hilflosen da war. Er stand den Kranken bei und heilte sie. Er tröstete die Deprimierten und saß mit den kriminellen Zolleintreibern und den verkommenen Dirnen an einem Tisch. Dabei entlarvte er die Selbstgerechtigkeit und Heuchelei der Gesetzestreuen, der Leute mit der anerkannt „weißen Weste", durchbrach ihre „moralischen" Ordnungen und zog ihren Zorn auf sich.

Anders jedoch als die meisten seiner und unserer Zeitgenossen reagierte er nicht nach dem Echo-Gesetz: „Wie du mir, so ich dir!", sondern er *lebte* das, wovon er sprach: die Nächsten- und Feindesliebe. Er verweigerte sich dem Kampf aller gegen alle, vergalt vielmehr Feindschaft mit Güte und stellte Gesten der Liebe gegen Gesten der Gewalt. Bei ihm waren das keine Phrasen, es war keine Ausrede, um bei einer Auseinandersetzung zu kneifen, wenn sie ernst wird. Vielmehr stand er bis an den Tod zu seinen Worten, bis er sich für seine selbstvergessene Liebe im wahrsten Sinne des Wortes „totgeliebt" hatte: Er vergab denen, die ihn ans Kreuz gebracht hatten, er betete für seine Mörder!

So also sah eine *glaubwürdige* Liebe aus, ohne Hintertür und Fluchtweg.

Zugleich aber war es ein aussichtsloser Kampf, und als er darin verblutete, hätte man das eigentlich voraussehen können – und manche sahen es denn auch kommen. Seine Kreuzigung schien – und scheint heute noch vielen – nur die Bestätigung dafür zu sein, daß Idealismus in dieser Welt eben nicht lohnt, daß es jedem so ähnlich gehen kann, der nicht clever, gerissen und egoistisch genug ist.

So starb er in den Augen vieler als besessener Schwärmer oder auch als großer, konsequenter Menschenfreund und idealistisch-tragischer Weltverbesserer, ähnlich wie ein Sokrates oder Che Guevara. Man kann die gradlinige Konsequenz solch eines abgebrochenen Lebensweges bewundern, aber wegen ihrer offensichtlichen Sinnlosigkeit doch nur kopfschüttelnd zur Kenntnis nehmen.

Warum aber – das ist doch nun die entscheidende Frage – warum soll dieses Opfer eines bedauerlichen Justizirrtums, *warum soll dieser Jesus Gegenstand unseres Glaubens, meines Glaubens sein?* (bitte: nach zweitausend Jahren!) Warum wird soviel Aufhebens davon gemacht, daß hier einer getötet wurde, der gewiß einmal Erstaunliches gesagt und getan hatte, der aufhorchen ließ und Hoffnung weckte? Ist er nicht letzten Endes gescheitert? Muß man nicht sagen: Das ist eben der Welt Lauf, das war ja abzusehen? Sind nicht auch seine Leute enttäuscht in alle Winde geflohen? Und ist es nicht vielen im Lauf der Geschichte ebenso oder noch ärger gegangen, aber *niemand* redet mehr von ihnen?

Jesus mehr als ein Mensch?

Was Jesus in seinem Leben und seinem Sterben tat und sprach, war mehr als bloße Prinzipientreue. Da war nämlich neben allen edlen menschlichen Zügen und Motiven noch etwas ganz anderes: *Er handelte nicht in seinem eigenen Namen, sondern er verstand sich selbst als Beauftragter.* Er sprach von einer tiefen, elementaren Bindung, einer – wie er sich ausdrückte – Sendung. Er sagte von sich, daß der Gott der Hebräer, der Gott der Propheten, mit ihm sei, daß er seine ungewöhnlichen Worte, seine unfaßbaren Verheißungen an die Armen und Entrechteten wirklich in einer Vollmacht von sich gab, die ihm dieser Gott verliehen hatte. Die Gemeinde nannte ihn sogar „Sohn Gottes".

Sohn Gottes – das ist eine uns schwer verständliche Bezeichnung, die uns wieder auf die Grenze unserer Begrifflichkeit hinweist. Immerhin meint dieser Titel eine Bezeichnung, eine Kraft, die alles bisher Dagewesene sprengt und über sich selbst hinausweist.

Das ist eine ungeheure Behauptung. Wenn das stimmt, dann wäre nicht nur Jesus zornig gewesen über die Selbstgerechtigkeit der Gesetzesfrommen, sondern Gott selbst wäre in diesem seinem Zorne wirksam. Dann würde nicht nur Jesus über die Lieblosigkeit der Menschen traurig gewesen sein, sondern wiederum Gott selbst. Ja noch mehr: dann wüßte nicht nur *Jesus*, was es heißt, ein Mensch zu sein und zu leiden, sondern *Gott selbst* nähme diese Erfahrung auf sich. Dann ginge es nicht mehr bloß um den „Gott im Himmel", hoch erhaben über allen Erdenstreit, sondern um einen Gott, der sich dem Menschen, *seinem* Menschen an die Seite stellt und dem Druck der Geschichte aussetzt. Dann hätte Gott die liebende Hingabe Jesu selber mitgelebt und sich diese Liebe zu den Menschen viel kosten lassen: die Einsamkeit und Todesangst seines Sohnes Jesus.

Der liebende Jesus wurde ein Opfer des Hasses. Der Mann, der im Auftrag Gottes kam, wurde umgebracht von denen, für die er kam. Stärker kann die Entfremdung, von der wir ja in Brief 6 sprachen, und die Feindschaft der Menschen gegen Gott nicht auf die Spitze getrieben werden. Wenn Jesus auf seiten Gottes steht, dann ist seine Kreuzigung Ausdruck der größen Selbstherrlichkeit der Menschen und eine Kampfansage gegen Gott. Dann fordert sie das Gericht heraus.

Doch Jesus steht zugleich ganz auf seiten der Menschen und vertritt ihre Probleme Gott gegenüber, weil er sie zu seinen eigenen gemacht hat. Wenn der leidende, sterbende Mann aus Nazareth am Kreuz sogar für die bittet, unter denen er gelitten hat, und für die, die fanatisch „Kreuziget ihn!" riefen, dann wird sein Kreuz zu einem Zeichen, das die geschehene Entfremdung überbrückt und die zerbrochene Gemeinschaft wiederherstellen will. Dann wird sein Kreuz zum Zeichen der Versöhnung zwischen Gott und Mensch.

Jesus war trotz aller Anfeindung so solidarisch und so sehr Mensch, daß er selbst die menschliche Urerfahrung der Gottverlassenheit, des Sturzes in Nichts und Sinnlosigkeit auf sich nahm. Nach dem ältesten Evangelium war sein letztes Wort: „Mein Gott, mein Gott, warum hast du mich verlassen?" (Markus, Kapitel 15, Vers 34). Wiederum aber war er selbst in der tödlichen Einsamkeit so sehr Mann Gottes, daß er sogar in dieser Verlassenheit am Kreuz einen Psalm betete, gewissermaßen ein Gesangbuchlied seiner Zeit, als er sein Preisgegebensein bekannte. Er rief also in der totalen Gottferne nicht „Gott ist tot", sondern redete ihn mit „Du" an und rechnete mit ihm. Wer kann verlassener und ohnmächtiger, zugleich aber auch getrösteter sein als der sterbende Jesus? Nur wer wie er die tiefste menschliche Entfremdung kennengelernt hat, kann Lösungen anbieten, die glaubwürdig sind. Nur so jemandem, nur ihm können wir es abnehmen, daß seine Schmerzen, seine Zweifel, seine Verlassenheit und seine Ängste in einer Tiefe erlitten wurden, von der auch wir etwas wissen, auch wenn *seine* Tiefe noch ungleich abgründiger ist. *Wenn Gott mit diesem Jesus war, dann könnte er auch in unserem Leiden eine verstehende und helfende Rolle spielen.*

Golgatha und die Folgen

Als die Jünger (später, nach Jesu Auferstehung) begriffen hatten, was da für sie geschehen war, wurden sie selbst aktiv. Da drängte es sie, diese erfahrene Liebe weiterzugeben (selbst wenn es ihnen eigene Verfolgung einbrachte). So wird es uns auch gehen, sobald wir nur zu begreifen beginnen, wieviel Gott an uns liegt, wie teuer wir ihm sind. Wenn Gott sich unserer Verlassenheit zuliebe der tiefsten, tödlichen Einsamkeit ausgesetzt hat und sich seine Liebe soviel kosten ließ, dann werden wir das nicht nur mit einem Kopfnicken zur Kenntnis nehmen können. Dann können wir nicht anders, als ebenfalls auf diese Liebe zu setzen und aktiv zu werden, um wie Jesus den Teufelskreis des Hasses zu durchbrechen. Dabei werden wir unser eigenes Leiden leichter annehmen können und nicht mehr alle Kräfte damit verschwenden, uns daran zu zerreiben. Damit macht uns die Liebe des Gekreuzigten frei, mehr an die anderen zu denken als an uns selbst. Wir werden sie in ihren Nöten nicht nur bedauern, sondern ihr Leid in selbstvergessener Liebe zu ändern versuchen. Solidarität darf kein bloßes Gefühl bleiben, sondern muß immer aktiver Einsatz und konkrete Aufgabe sein. Sie kann sich nicht darin erschöpfen, dem Einsamen nur nette und mitfühlende Worte zu sagen. Nein: er muß aus seiner Einsamkeit herausgeführt werden. Es kommt nicht darauf an, die Übel der Welt bloß zu interpretieren, sondern sie nach Möglichkeit mit Engagement und Phantasie zu beseitigen, auch wenn das von uns selbst große Opfer verlangt. In diesem Sinne haben seit fast 2000 Jahren immer wieder Menschen Jesu Satz ernstgenommen: „Wer mir nachfolgen will, der… nehme sein Kreuz auf sich" (Markus, Kapitel 8, Vers 34).

Auch die erste Christenheit hat ihr Kreuz auf sich genommen. In all ihrer Hilflosigkeit und Schwäche schaute sie auf das Kreuz dessen, der ihr erhöhter Herr war, und ließ sich von diesem Kreuzesgeschehen in ihrer eigenen Verfolgung aufrichten. Sie nahm die Kraft des Kreuzes in Anspruch, über der eigenen Angst und Not die Bedrängnis des Nächsten nicht zu vergessen und ihm in Liebe zugewandt zu bleiben. So konnte sie sich mit dem Leid identifizieren und die Bedrängten auf ihrem Herzen tragen.

So muß auch unsere heutige Kirche in den Hilfszentren der Liebe zu finden sein und nicht an den Schalthebeln der Macht. Sie muß vorleben und weitersagen, daß der Haß der Welt gekreuzigt ist, daß Gott am Ende gegen allen Augenschein die Macht unserer Liebe über die Ohnmacht der Gewalt bestätigen wird. Nicht, weil wir so tolle Leute sind, sondern weil Gott es so will. Dieses Wissen ist bei allen Schwächen die eigentliche Stärke der Kirche. Im Vertrauen darauf läßt sich gut handeln, läßt sich die Welt ein Stück weit verändern.

Nun mag manch einer von uns ratlos vor dem „Geheimnis des Kreuzes" stehen und keinen Zugang finden. Wenn auch manche Aussagen über die Gottesbeziehung dieses Jesus vielleicht für uns rätselhaft bleiben mögen, so fällt es doch weniger schwer und kann vielleicht ein erster Schritt des Glaubens sein, eine Beziehung zu der qualvollen Leidenssituation des Gekreuzigten zu bekommen. Denn gerade diese Geschichte vom Kreuz ist ja kein abstraktes Lehrgebäude, kein Turm von Begriffen, Lehrsätzen und Dogmen, die man erst einmal bejahen muß, sondern zunächst nichts weiter als eine völlig ausweglose Situation, also ein totaler menschlicher Nullpunkt. Tiefer als Jesus kann man nicht hinunter müssen. Tiefere Tiefen gibt es nicht. Wer darum selber Leiden kennt, wer selbst schon in ausweglosen Situationen gesteckt hat, der wird auch einen Zugang zu dieser tiefen Menschlichkeit Jesu und seiner letzten Solidarität finden und sie nachvollziehen können. Wer selbst in Verlassenheit und Nichtweiterwissen gestanden hat, der wird aus diesen Grenzsituationen seines Lebens ein Gespür für die stellvertretende Not dieses Unschuldigen gewonnen haben.

Man wird also nicht Christ, indem man eine lange Liste von Dogmen unterzeichnet oder ein erhabenes religiöses Gefühl produziert. Gerade in der Kreuzigung Jesu werden ja alle menschlichen Vorstellungen von Gott total zerbrochen und alle religiösen Bemühungen zunichte. *So einen Gott dichtet man sich nicht zurecht.* Gott stürzt in der Geschichte seines Sohnes alle schönen, selbstgemachten Gottesbilder um, indem er die totale menschliche Schwäche zu seiner Stärke macht. Das ist eine große Verheißung für alle, die am Ende sind und zu scheitern drohen, weil ihnen das Kreuz als die Chance für ihren eigenen Nullpunkt angeboten wird. *Nicht Leistung und Vorleistungen müssen sie vorweisen. Es genügt das Bekenntnis ihrer Hilfsbedürftigkeit, um zu Gottes Leuten gerechnet zu werden.* Da das Kreuz aber alle hohen, heiligen Menschenvorstellungen von Gott zunichte macht, ist das auch die Chance für alle, die sich für unreligiös halten und große Schwierigkeiten haben zu glauben. Sie brauchen ja keine frommen Gefühle mehr zu haben oder vorschnelle dogmatische Bekenntnisse abzulegen, sie können all ihre Skrupel ruhig mitbringen. *Christsein kann schon da anfangen, wo man in Jesu Verlassenheit am Kreuz die Verwandtschaft zur eigenen Existenz entdeckt.*

Doch Jesu Tod am Kreuz war nicht das Ende. Auch die Enttäuschung der Jünger nicht. An diesem Punkt beginnt nämlich etwas

Erstaunliches, was unsere übrigen Erfahrungen radikal auf den Kopf stellt und sprengt, was alles in einem anderen Licht erscheinen läßt.

Die Gemeinde sagte zu diesem ausgestoßenen, verfluchten Manne nicht „Ja“, weil sie sich aus der ersten Enttäuschung mühsam dazu durchgerungen hätte, sondern weil Gott sie schockierte, weil er sie überraschte und etwas völlig Neues begann: Ostern. Durch Ostern bekommt alles einen anderen Stellenwert: Die Kreuzigung ist plötzlich nicht nur das Beispiel vergangener Tage, sondern trägt Gegenwarts- und Zukunftscharakter. Das Kreuz erscheint auf einmal in einem anderen Licht und erhält etwas Tröstliches für alles Leiden. Das Kreuz wird plötzlich vom Zeichen des Scheiterns zum Zeichen des Sieges Gottes. Darüber handelt der nächste Brief.

Hinweise zur Vertiefung

Vielleicht lesen Sie einmal die Passionsgeschichte, wie sie bei Markus im 14. und 15. Kapitel steht. Unsere Feststellung, daß das Kreuz alle lieblichen, religiösen Vorstellungen sprengt, wird von Paulus bestätigt, wenn er im 1. Korintherbrief schreibt, der gekreuzigte Christus sei den Juden ein Ärgernis und den Griechen eine Torheit (1. Korinther, Kapitel 1, Vers 23).

Literatur zum Thema

Helmut Gollwitzer, Jesu Tod und Auferstehung, eine Darstellung und Deutung des Kreuzesgeschehens durch Predigten, (Verlag Christian Kaiser).

Wie es weitergehen soll

Diesmal fiel es uns schwer, Ihnen diesen Brief über das Kreuz zu schreiben. Wir waren nämlich ständig in der Versuchung, von der Auferstehung zu sprechen, die ja erst im nächsten Brief behandelt wird. Das liegt daran, daß man die Bedeutung des Kreuzes erst von diesem Eingreifen Gottes her verstehen kann. Im nächsten Brief wollen wir uns darum diesem zentralen Punkt unseres Glaubens zuwenden.

Mit herzlichem Gruß
Ihre Projektgruppe Glaubensinformation

Brief 9:

Auferstehung – Anstoß, Ärgernis, neues Leben

Liebe Kursteilnehmer!
Gerade schrieb uns ein enttäuschter Leser, er wäre entsetzt, wie wenig wir zum Kreuz zu sagen hätten. Der Mann hat recht. Es gibt zum Kreuz nicht viel Theologisches zu sagen, solange Ostern nicht passiert ist. Erst hier ist die Lichtquelle, die das Kreuz als das erscheinen läßt, was es ist: als das Zeichen, in dessen Namen wir leben.

Ohne Ostern geht es nicht

In fast jedem christlichen Gottesdienst wird das „apostolische Glaubensbekenntnis" zitiert. Sie kennen es vermutlich:

„Ich glaube an Gott den Vater, den Allmächtigen, Schöpfer Himmels und der Erden..." Wenige Sätze fassen zusammen, was die Christen glauben. Aber sind diese Sätze des Glaubensbekenntnisses alle glaub-„würdig"? Oder ist es nicht so, daß es Aussagen von primärer Wichtigkeit für den Glauben gibt, sozusagen „erstklassige" Wahrheiten, daneben aber auch Wahrheiten zweiter und sogar dritter Klasse? So hat ein berühmter Theologe (es war Wilhelm Herrmann, der Lehrer Karl Barths und Rudolf Bultmanns) etwa unterschieden zwischen theologischen Aussagen, die den Rang eines Glaubens-„Grundes" haben, und solchen, die nur Glaubens-„Gedanken" sind. Mit Glaubens-„Gedanken" meint er solche Wahrheiten, die sozusagen erst nachträglich gebildet wurden und die den eigentlichen Glaubens*grund* nur interpretieren.

In diesem Sinne hat man zum Beispiel gemeint, zum Glaubens*grunde* gehöre die Gewißheit, daß Jesus nicht dem Zusammenhange der Geschichte entstamme, darum auch nicht aus ihm zu erklären sei, sondern daß er seinen Ursprung im Geiste Gottes habe (wie das Glaubensbekenntnis es ja ausdrückt). Der Satz „Geboren von der Jungfrau Maria" habe demgegenüber nicht den gleichen Rang, er sei mehr der Versuch, mit Hilfe eines biologischen Gleichnisses die wunderbare Herkunft Jesu „auszudrücken". Dann aber könnte dieses Gleichnis vielleicht auch entfallen (wie es denn für Paulus keinerlei Rolle zu spielen scheint). Wir können und brauchen hier auf diese Frage nicht weiter einzugehen, denn an *dieser* Stelle geht es uns nur um den Hinweis, daß an der Unterscheidung von Glaubensgrund und Glaubensgedanken sicher etwas ist, auch wenn man die Grenze zwischen beiden anders angelegt sehen kann oder sogar muß, als das etwa Wilhelm Herrmann tut.

Wenn wir also diese Unterscheidung einmal benutzen, dann ist im Sinne der Botschaft des Neuen Testaments jedenfalls Eines ganz gewiß: Die sieben Worte des Glaubensbekenntnisses: „... am dritten Tage auferstanden von den Toten" gehören nach dem einhelligen Zeugnis zum entscheidenden Glaubens-*Grunde*. Sie sind nichts Geringeres als der Anker. *Ohne Ostern ist der Glaube der Christenheit tatsächlich nicht vorstellbar.* Nehmen wir versuchsweise nur einmal an, die Nachrichten über Jesus endeten mit der Erzählung von seinem Tod. Was dann? Sicher würden wir in der Schule von ihm hören (wie von Sokrates). Wir würden ihm vielleicht zugestehen, er habe seine Botschaft der Liebe ehrlicher, überzeugender gelebt als etwa die Hippies ihre Parole „Make love, not war" („Halte es mit der Liebe, nicht mit dem Krieg!"). Dann wäre er doch wie sie selber nur ein idealistischer Tagträumer gewesen, ja mehr noch: er gliche vielleicht sogar einer tragikomischen Figur, ähnlich jenem spanischen „Ritter von der traurigen Gestalt" Don Quichote, der mit einer alten Lanze gegen Windmühlenflügel kämpfen wollte. Auch er weigerte sich, den Verhältnissen des Lebens Rechnung zu tragen und ging „weltfremd" über sie hinweg. Das geht allemal schief. Jesus wollte, so scheint es dann, die Welt durch Liebe geradebiegen (oder doch ein wenig gerader); aber „die Verhältnisse, die sind nicht so" (Bert Brecht). Und so gehen sie unberührt über ihn hinweg. Ohne Ostern geht es nicht. Es ist sogar fraglich, ob wir dann überhaupt schriftliche Dokumente über Jesus in dem Maße wie jetzt haben würden. Denn alle neutestamentlichen Berichte sind ja von Ostern her geschrieben. Ostern war gleichsam die Initialzündung, die die Botschaft von dem Retter Jesus zustandekommen ließ.

Ostern – Der Grund unseres Glaubens

Wenn es Ostern nicht gäbe, wäre das Kreuz sinnlos. Die Überzeugung, daß das Kreuz *Heil* bedeutet, ist tatsächlich nur von Ostern her zu verstehen (vgl. Brief 8). Kreuz ohne Ostern könnte nur ein totales Scheitern Jesu bedeuten. Unsere Entfremdung, unsere Schuld, wäre eben *nicht* aufgehoben. Ja unser ganzer Glaube verlöre seinen Boden und seinen Grund. So schreibt schon Paulus: „Ist aber Christus nicht auferstanden ... so ist euer Glaube vergeblich“ (1. Korinther 15,14).

Erst die Auferweckung gibt uns die Gewißheit, daß Liebe stärker sein kann als die Macht der Ellenbogen, weil Gott auf der Seite derer ist, die versuchen, den Weg Jesu zu gehen. Dieser Weg sieht immer noch absurd genug aus, aber seit der Auferweckung Jesu haben wir die begründete Hoffnung, daß er doch der „vernünftige“, der einzig richtige Weg für diese Welt ist. Wir Christen sind ja keine verbohrten Irrealisten. Sondern Leute, die ein kalkuliertes Risiko eingehen, die also gute Argumente für ihre Überzeugung haben, daß ihr Risiko gerechtfertigt ist.

Wenn wir von „begründeter“ Hoffnung sprechen, drängt sich die Frage auf: *Ist an Ostern wirklich etwas passiert?* Es ist möglich, daß Sie dazu sagen: „Das kann ich nicht glauben, denn von den Toten ist noch keiner zurückgekommen. Tot ist tot.“

Zugegeben: Jesus war tatsächlich tot. Es hat zwar immer wieder Leute gegeben, die seine Auferweckung damit erklären wollten, daß er nur scheintot gewesen sei. Doch damit unterschätzt man das „handwerkliche“ Können und die Übung der römischen Henker. Wer von einem erfahrenen römischen Exekutionskommando hingerichtet war, in dem gab es keinen Funken Leben mehr: Das wußte jeder.

Das wußten auch die Jünger Jesu. Sie hatten ihn geliebt, sie hatten große Hoffnungen in ihn gesetzt. Damit war es nun vorbei. Den Unterdrückten helfen, Israel befreien – das konnten nur Lebendige. Und im übrigen: wie sollte einer von Gott gesandt sein, wenn der ihn so sterben ließ?

„Da verließen ihn alle Jünger und flohen“ (Matthäus 25,56). Hinter verschlossenen Türen warteten sie zitternd auf die Schritte der Verhaftungskommandos. Unstet und resigniert versanken sie in Ratlosigkeit. Das schien das unrühmliche Ende ihrer Episode mit Jesus zu sein.

Um so verblüffender ist der radikale Umschwung, der sich plötzlich vollzog. Wir sagen nicht: „den sie zuwege brachten“. Sie waren schließlich realistische Handwerker, vor allem Fischer. Jesus hatte sie von den Netzen geholt; sie waren nicht selber etwas, nur der Widerschein eines Lichtes. Ohne ihren Meister waren sie nichts. Man glaube doch ja nicht, sie hätten sich ein Weiterleben ihres Meisters zusammenkonstruiert und dann noch selber eingeredet! Ein solcher Akt von Selbstsuggestion ist nicht wahrscheinlicher als die Erzählung Münchhausens, er habe sich mitsamt seinem Pferd am eigenen Schopf aus dem Sumpf gezogen! Nein, wer die Begeisterung der Jünger so zu erklären versucht, macht es sich nun wirklich zu einfach.

Die neutestamentlichen Berichte legen vielmehr größten Wert darauf, *daß* etwas *in* dieser Wirklichkeit passiert ist, also *in* Raum und Zeit, wenn auch nicht aus Raum und Zeit erklärbar. Paulus – er überliefert uns den ältesten Bericht – erzählt von über 500 Jüngern, die sich selbst als Augenzeugen der Erscheinungen des Auferstandenen bezeichneten. Paulus betont so mit Nachdruck, daß es sich um ein Faktum, eine schöpferische Tat Gottes an dem gekreuzigten Jesus handele. *Gott erweckt Jesus zu neuem, nie dagewesenen Leben.*

Auferstehung ist nämlich nicht Rückkehr in die alte Leiblichkeit wie bei Lazarus (der starb ja wieder!), sondern eine völlig neue Seinsweise. Die Berichte deuten das so an, daß der auferstandene Jesus gar nicht gleich erkannt wurde (vgl. Johannes 20,15). Erst dann gibt er sich in seiner Identität – als der Gekreuzigte, von Nägelmalen Gezeichnete – zu erkennen.

Statt den Verrat der Jünger zu rächen, kommt Jesus zu ihnen mit dem Gruß „Friede sei mit euch“ (vgl. Lukas 24,30). Er vergibt ihnen und nimmt die Versager wieder an. Zugleich sendet er sie aus. Diese Neuannahme der gescheiterten Jünger erfolgt nicht ohne Auftrag: „So wie mich der Vater gesandt hat, so sende ich euch“ (vgl. Johannes 20,21).

Vergebung und Sendung gehören zusammen. Beides hält sich durch alle Berichte durch. Und zur Botschaft der so angenommenen und ausgesandten Jünger gehört von da an und in alle Zukunft die Kunde von dem Sieg Jesu über den Tod.

Wie ist so etwas möglich?

Hier haben wir vor allem mit zwei grundsätzlichen Schwierigkeiten zu ringen: Einmal vermittelt uns naturwissenschaftliches Denken die Überzeugung, daß Tote eben tot sind und nicht wieder auferstehen. Das ist zwar eine einleuchtende, aber in ihrem Anspruch zu absolute Feststellung. Denn gerade die Grundsatzdiskussion über naturwissenschaftliche Gesetze (vgl. Brief 5) zeigte uns doch, daß man diese Gesetze heute nicht mehr als unabänderliche Dogmen, sondern nur als gut bestätigte Hypothesen versteht. Das heißt: „daß niemand von den Toten aufersteht“, ist – bis heute, oder, war bis damals! – eine außerordentlich gut bestätigte Hypothese, aber eben nur eine Hypothese. Wir dürfen wissenschaftliche Sätze nicht zu Glaubensnormen erheben. Wir müßten also mit größerer grundsätzlicher Offenheit an unser Problem herangehen.

Zum andern liegt aber die existentielle Schwierigkeit darin, daß unser Denken eben auch von unserem Menschsein abhängt. Unsere Vernunft ist von Furcht und Hoffnung gefangen. Wir sind endliche und wiederum in dieser Endlichkeit „gefangene“ Wesen. Wir wissen, daß wir sterben müssen. Wie könnten wir als *solche* Menschen überhaupt so etwas wie Auferstehung, Durchbrechung der Todesherrschaft, erkennen und anerkennen?

Wir können hier also keine historischen Beweise liefern. Wir können aber alle Gegenkritik auf ihre Vorläufigkeit und ihre Voreingenommenheit verweisen. Zugleich können wir bemüht sein, unser Denken zu öffnen, zu weiten, so daß wir offen sind: wer glaubt, denkt weiter. Die angedeuteten Schwierigkeiten tauchen übrigens schon im Neuen Testament selbst auf. (Sie sind also gar nicht nur unsere „modernen“ Probleme!)

Einerseits hält es an dem Faktum der Auferstehung fest, andererseits lehnt es alle historischen *Beweise* ab – ganz offensichtlich deshalb, weil unsere Beweis*mittel* gar nicht in der Lage sind, dies neue Geschehen überhaupt zu fassen.

So erklärt sich wohl die zunächst verwunderlich scheinende Tatsache, daß das Neue Testament dem Wie der Auferstehung höchst uninteressiert gegenübersteht. Bei genauerem Nachdenken wird uns das aber durchaus verständlich.

Auferstehung ist doch grundsätzlich neues Leben, nicht Rückkehr in die alte Leiblichkeit. Wollten wir nun Aussagen über das Wie dieses Zustandes machen, so könnten wir das nur mit Hilfe *unserer* Sprache und im Rahmen unserer Vorstellungen. Doch diese Vorstellungen gehören eben der alten, vom Tod gekennzeichneten Welt an. Hier aber müßte doch gerade etwas grundsätzlich Neues, eben die Überwindung des Todes, ausgedrückt werden. *Wir können also die Auferstehung zwar nicht beweisen, doch wir können verdeutlichen, weshalb wir sie nicht beweisen können.*

Wo man dennoch versucht, dieses Wie zu erklären – menschlich verständlich ist das ja! –, dort geraten die Kategorien unseres Denkens durcheinander. Die meisten Berichte sind deshalb irgendwie stockend, manchmal einander widersprechend, und zwar je näher sie sich an die Details herantasten. Phantasievolle Neugier will das

Wie erklären. Das sollte man nicht nur abschätzig bewerten, denn die Zeugen sind ja *ganz engagiert*, also auch mit ihrer Phantasie.

Glauben und historisches Erkennen lassen sich nicht trennen

Die Auferstehung selbst hat niemand gesehen. „Technisch" Interessierte kommen zu kurz. Gott will uns sagen, wie wir leben können; es ist nicht sein Plan, die Bibel zu einer Konkurrenz für Science-Fiction-Romane zu machen. Auch das leere Grab ist kein Beweis für die Auferstehung. Es wäre ja denkbar, daß die Leiche gestohlen wurde (vgl. schon Matthäus 28,13). Außerdem könnte es nur etwas aussagen über das Schicksal des alten Leibes, aber nicht über die neue Seinsweise. So wäre es allenfalls nur ein Zeichen für den Glauben, das erst nachträglich seine Bedeutung erhält. Darum können wir das Geschehen von Ostern nicht aus der Distanz von bloßen Zuschauern und Protokollanten heraus verstehen. Denn auch der Auferstandene ist niemandem (außer Paulus) erschienen, der nicht vorher schon Kontakt und also eine gemeinsame Geschichte mit ihm hatte. Ähnlich ist es auch bei uns: Zugang zum Auferstandenen erhalten wir nur durch eine Begegnung mit Jesus: Er ist es, der unser Leben und Erkennen öffnet. Wenn wir es einmal bewußt zugespitzt ausdrücken, können wir sagen: *Nicht die Auferstehung ist der Grund unseres Glaubens, sondern der Auferstandene selbst.* In der Begegnung mit dem Auferstandenen lernen wir verstehen, was seine und unsere Auferstehung bedeuten.

Wie bekommen wir einen Zugang zum Ostergeschehen?

Wir meinen: Auch wenn Ostern der zentrale Grund unseres Glaubens ist, bildet der Glaube an den Auferstandenen nicht die notwendige Voraussetzung für unseren Christenstand. Es kann nicht darum gehen, daß wir da eine Art Aufnahmeprüfung zu bestehen hätten, in der wir auf einen stabilen Osterglauben getestet würden, um uns erst dann und daraufhin als Christen bezeichnen zu dürfen. Es wäre doch schrecklich, wenn der Glaube nur unter solchen Torturen (heute würde man sagen: unter solchen Frustrationen) von Intellekt und Gewissen zustandekäme! In Wirklichkeit geht es bei dem Entstehen des Glaubens doch ganz anders. (Dazu sollten Sie einmal die Geschichten lesen, in denen Jesus von einem großen Glauben spricht, die Geschichte von der „kanaanäischen Frau" etwa oder vom „Hauptmann von Kapernaum", vgl. Markus 5,25–34 und Lukas 7,1–10.) Die Begegnung mit Jesus kann doch ganz menschlich und ganz einfach anfangen (vgl. Brief 8): Wir beschäftigen uns vielleicht zunächst – und das wäre durchaus berechtigt – mit dem *Menschen* Jesus. Wir vergleichen ihn mit anderen und lesen seine Biographie gleichsam wie eine unter vielen. Gerade dann, wenn wir so ganz menschlich mit ihm umgehen und uns keinerlei dogmatischen Verrenkungen unterziehen, wenn wir uns also nicht zur krampfhaften Erfüllung eines Glauben-Solls zwingen, kann uns plötzlich das Entscheidende an ihm aufgehen, so daß uns selbst seine österliche Todüberwindung verständlich wird. Wir haben ihn zunächst einfach als Menschen zur Kenntnis genommen, vielleicht wie einen Romanhelden. Und plötzlich merken wir, daß er anders ist als alles, was sonst Menschenantlitz trägt und daß das Evangelium das Schema aller sonstigen Literaturformen sprengt. So entsteht unser Glaube nicht autoritär, durch ein von oben kommendes Kommando „Du sollst glauben, du sollst dies und das für wahr halten!" – das würde nur in den Krampf führen! –, sondern er entsteht von unten her, aus einer ganz menschlichen Begegnung. Daß es so zugeht, liegt daran, daß Gott selbst so menschlich ist und daß das Wort „Fleisch" wurde (Johannes 1,14). So kann das, was wir mit dem Menschen Jesus erleben, zu einer Art Schock führen, ähnlich dem, was die Jünger an Ostern erfuhren. *So kann es uns aufgehen, was Ostern bedeutet: neues Leben, das sich auch uns mitteilt, Freiheit von Gott her.* Dann verstehen wir auch Jesu Leben tiefer und anders, als wir es vorher lasen: So und nicht anders – aus dieser Sicht vom Nachhinein, aus der Perspektive des Ostergeschehens. Im Grunde sind so auch die neutestamentlichen Texte über das Leben, Reden und Handeln des „irdischen" Jesus von Nazareth entstanden.

Unsere Berichte stammen von Überwältigten und Engagierten. Und dennoch oder gerade deshalb sind sie glaubwürdig; denn ihr Leben spricht für ihre Botschaft. Man denke nur an den letzten Zeugen des auferstandenen Jesus, an Paulus. Er war ein überzeugter und tatkräftiger Anhänger der jüdischen Leistungsreligion. Aber von heute auf morgen wurde sein ganzes Leben mit all seinen Überzeugungen umgestürzt. Durch die Begegnung mit dem Auferstandenen wurde er der große Bekenner. Nun war er zutiefst durchdrungen von der Nutzlosigkeit, ja der Abwegigkeit aller frommen Leistung. Das Kreuz war ihm der Beweis dafür. Denn es bezeugte den Gott, der den Verlorenen, Verirrten und den Menschen der leeren Hände nahe sein will. Fortan verkündete er die Barmherzigkeit Gottes, die den Verzweifelten rettet; seine eigene Begegnung mit dem Auferstandenen verstand er so. In Zukunft gehörte sein Leben diesem Jesus. Für ihn nahm er alles auf sich: Gefahrvolle Reisen, unendliche Mühsal, Verfolgung, Folterung und schließlich gewaltsamen Tod!

Konsequenzen

Erstens: Daß einem die ersten Zeugen glaubwürdig, ja mitreißend erscheinen, das ist allerdings erst der Anfang des Glaubens. *Denn wenn Jesus wirklich der Auferstandene ist, dann haben all die recht, die immer wieder behauptet haben, man könnte seine Nähe erleben: in der Gemeinschaft anderer Christen, im Gebet und indem man den Willen Gottes tut.*

Ob die Auferstehung Jesu für einen Menschen Bedeutung hat, das erweist sich nicht so, daß er das Glaubensbekenntnis unterschreibt, sondern daß er es wagt, im Vertrauen auf den Auferstandenen zu leben. Wenn Jesus lebt, dann muß man ihn erleben können! Wir versichern Ihnen: man kann es!

Zweitens: Wenn Gott dem Tod, wenn er dem Gesetz der Vergänglichkeit an Ostern grundsätzlich die Macht genommen hat, kann uns in Zeit – auch in dieser! – und Ewigkeit nichts mehr von seiner Liebe trennen (vgl. Römer 8,38–39).

Das heißt aber auch: Unser Leben hat eine neue Hoffnung erhalten. Wir bekommen neue schöpferische Kräfte. *Wenn das letzte Gesetz dieser vergehenden Welt grundsätzlich entmächtigt ist, dann gilt das auch für alle anderen „Gesetze": Keine Ordnungen und Verhältnisse sind dann für uns ein für allemal schicksalhaft gegeben. Wir können sie seit Ostern verändern und weiterentwickeln.* Wir leben von den großen Taten Gottes her – (vgl. Brief 15) und gehen mit der ganzen Welt seinen zukünftigen Taten entgegen.

Hinweise zur Vertiefung

1. Den ältesten Bericht von der Auferstehung und den Erscheinungen Jesu finden Sie bei Paulus, 1. Korinther 15, besonders 3–8. Lesen Sie von daher bitte auch einmal die Berichte in den Evangelien, so entdecken Sie Gemeinsames, auch die verschiedenen Ausmalungen, von denen wir sprachen: Matthäus 28,1–15; Markus 16,1–8; Lukas 24; Johannes 20 und 21.

2. Vielleicht lesen Sie jetzt nochmals Brief 7 (Jesus) und Brief 8 (Kreuz). Von Ostern her ist ja das ganze Leben Jesu erst geschrieben worden. Nur von Ostern her können wir auch das Kreuz verstehen.

Literatur zum Thema

Einen – nicht ganz leicht verständlichen – Überblick über die verschiedenen theologischen Meinungen von Ostern gibt folgendes Buch:

Diskussion um Kreuz und Auferstehung, herausgegeben von B. Klappert, Aussaat-Verlag Wuppertal 1967.

Vor allem die historischen Untersuchungen zu den Ereignissen am „Dritten Tag" behandelt Ulrich Wilckens in seinem Buch „Auferstehung. Das biblische Auferstehungszeugnis, historisch untersucht und erklärt", Gütersloher Taschenbuch Nr. 80.

Wie es weitergehen soll

Ostern ist eine ungeheure Behauptung. Keine andere Religion wagt eine solche Aussage. Wie wir das Verhältnis zu den anderen Religionen sehen, behandeln wir im nächsten Brief:

Wer hat recht? Das Christentum in Konkurrenz mit den Weltreligionen.

Mit herzlichem Gruß
Ihre Projektgruppe Glaubensinformation

Brief 10:

Wer hat recht? Das Christentum in Konkurrenz mit den Weltreligionen

Liebe Kursteilnehmer!
Das religiöse Angebot ist heutzutage reichhaltig. Die Konkurrenz groß. Aber Toleranz darf die Frage nach der Wahrheit nicht ausschließen. Ihr wollen wir deshalb in einigen grundsätzlichen Gedanken nachgehen.

Warum stellen wir die Frage nach der Wahrheit?

In keiner anderen Epoche war vermutlich der religiöse Markt so bunt und vielfältig wie in der Gegenwart. Und noch nie standen die kleinen und großen Tempel der Lehren vom Heil so nah und so friedlich nebeneinander wie heute. Man toleriert einander und meint, jeder solle nach seiner Façon selig werden. Weil doch in so vielen Religionen ein Körnchen Wahrheit steckt, hält man es vielfach für zweitrangig, welche man für sich anerkennt. Was soll dann die Frage: Wer hat recht? Paßt sie überhaupt in unsere toleranzgetränkte Zeit? Wärmt sie nicht den alten Streit wieder auf, den sowieso keiner letztgültig entscheiden kann?

Nun, wer wie wir den christlichen Glauben angenommen hat, kommt nicht umhin, ihn zu den Erscheinungsformen anderer Religionen in Beziehung zu setzen. Das Nachdenken über die religiösen Überzeugungen anderer Menschen, Völker und Rassen wird ihn nebenbei auch dazu bringen, das Besondere seines christlichen Glaubens deutlicher verstehen zu lernen. Wir stellen deshalb unsere Frage nicht nur, weil uns die Welt der Religionen interessiert – das hoffentlich auch! –, sondern vor allem deshalb, weil uns der Grund und der Rang unserer eigenen Glaubensgewißheit interessiert. *Indem wir diesen unseren Glauben mit anderen Wahrheitsansprüchen konfrontieren, erfahren wir nicht nur etwas über andere Völker, sondern auch und nicht zuletzt etwas über uns selbst.*

Was ist „Religion"?

Um angesichts der auseinanderstrebenden Fülle religiöser Ausdrucksformen wenigstens eine vorläufige Orientierungshilfe zu gewinnen, wollen wir zunächst versuchen, die verschiedenen Begriffe von „Religion" auf einen Nenner zu bringen:

In der Religion erlebe und spreche ich einen Bezug zum letzten Sinngrund der Wirklichkeit aus. Ich sehe mich zu dem Bekenntnis veranlaßt, daß diese letzte Wirklichkeit mich ergreift, daß ich nun mit allem, was ich bin und tue, auf sie eingehen muß. In der Regel, aber nicht überall, wird jene letzte Wirklichkeit mit dem Wort „Gott" bezeichnet.

Was die Religionskritiker verkannt haben

Daß Religion, *jede* Form von Religion, nichts anderes sei als ein Traum des menschlichen Geistes – das ist die Überzeugung der großen Religionskritiker L. Feuerbach, K. Marx und S. Freud.

Man hat wohl zu Recht gesagt, daß sich Marx'ens Religionskritik an einem sehr entarteten Christentum entzündete. Denn er hatte wohl eine verbürgerlichte Verkündigungsform seiner Zeit im Auge, eine Verkündigung nämlich, die eine entrechtete Arbeiterschaft mit Jenseitshoffnungen vertrösten und so jeden revolutionären, die Knechtschaft des Ausgebeutetseins brechenden Schwung abwürgen wollte. Diesem Christentum begegnete auch Marx' Zeitgenosse *Feuerbach*, und ein in spießbürgerlich viktorianischer Verklemmung befangenes Christentum prägte schließlich die religiösen Modell-Vorstellungen von Sigmund Freud. Man würde es sich aber zu einfach machen, wollte man die Schärfe ihrer Religionskritik ausschließlich und nur als eine Kritik am Christentum *ihrer Zeit*, gleichsam an einer Abfallerscheinung also, auffassen. Sie entzündete sich zwar an ihm, sie zielte aber gegen die christliche Religion selbst – und gegen Religion überhaupt.

Der kritische Ausgangspunkt war die Frage nach dem Wesen des Menschen, das Feuerbach auf die boshafte Formel brachte: „Der Mensch ist, was er ißt."

Das heißt: der Geist des Menschen wird von seinem Leib geprägt, der Mensch ist ein vorwiegend sinnliches Wesen. Deshalb sind auch für ihn Sinnlichkeit, Wahrheit und Wirklichkeit nur verschiedene Seiten eines Identischen. Erkennen kann der Mensch also nur das, was er sinnlich erfahren kann, nichts anderes. So sind alle Aussagen, die über die sinnlich erfahrbare Wirklichkeit hinausgehen, reine

Spekulation, Illusion, unwirkliches Fabelreich. Doch wie kommt der Mensch dazu, sich auf solche Spekulationen einzulassen? Nun: Er ist kein Tier und ist sich deshalb seiner *Endlichkeit* bewußt, er will aber unendlich sein. Diesen Drang nach Unendlichkeit – so Feuerbach – überträgt er in eine höhere Region, bildet sich den Gedanken eines höchsten Wesens, auf das er seine Wünsche und Sehnsüchte „projiziert". Daß es aber so viele verschiedene Gottesbilder und Projektionen dieser Art gibt, hat seinen Grund in der Vielfalt der menschlichen Hoffnungen und Wünsche. Soweit Feuerbach.

Marx beschreibt das Wesen des Menschen anders als Feuerbach – er kritisiert die unpolitische Seite von dessen Menschenbild –, der Mensch ist aber auch für ihn verstehbar allein aus dem vom Menschen gesellschaftlich Erfahrbaren heraus: „Der Mensch, das ist die Welt des Menschen: Staat, Sozietät." Und einig ist Marx mit Feuerbach auch, wenn er seinen berühmt gewordenen Satz schreibt, Religion sei das Opium des Volkes. – (diese Worte stammen übrigens von Herder, der sie allerdings in einem anderen Zusammenhang gebraucht als Marx.) Religion ist *deshalb* „Opium *des* Volkes", weil sie Antwort zu geben scheint auf das „Seufzen der bedrängten Kreatur" und weil sie alle Auflehnungs-Impulse, die sich in diesem Seufzen bilden könnten, beschwichtigt.

Wenn endlich für den Gründer der Psychoanalyse, Sigmund *Freud*, Gott nichts anderes ist als das Bild eines aus der Wirklichkeit entrückten Vaters, ein aus der Phantasie geborener Ersatz für den eigenen, nie ganz befriedigenden Vater, so kann er zu diesem „Glaubensbekenntnis" auch nur deshalb kommen, weil er den Menschen wiederum aus sich selbst und seiner Welt heraus zu beschreiben versucht.

Nun können wir freilich nicht so tun, als ob das, was diese drei großen Religionskritiker sagen, blanker Unsinn wäre. Machen wir nicht selbst die Erfahrung, daß sich unser Gottesbild im Laufe unseres Lebens verändert? – Daß wir manchmal die Farben des Gottesbildes selber mischen, das wird sicher so sein. Daß wir aber die Produzenten Gottes *selbst* sein sollen – ist ein Kurzschluß und ein Denkfehler dazu: Sogar dann, wenn „Gott" uns als das Produkt unserer Wünsche erscheint, sagt das noch nichts über seine Existenz oder Nichtexistenz aus. Oder anders formuliert: *Wir können nicht aus dem (Wunsch)-Denken auf Sein oder Nichtsein schließen.*

Die Kritiker haben das Wesen der Religion verkannt, weil sie das Wesen des Menschen verkannt haben. Wir verstehen den Menschen als den, der ständig über sich hinausfragt, hinausfragen muß: Wozu bin ich da? Wer bin ich? Wie bin ich gemeint? Wie soll ich sein? Worin besteht meine Identität? Wer so fragt, fragt zugleich: Wer oder was ist es, das mich so in Frage stellt? Und sogar meine Wünsche korrigiert? *Wer aber diesen Fragecharakter der menschlichen Existenz verkennt, muß zwangsläufig auch den letzten Sinngrund der Wirklichkeit, den wir Gott nennen, verkennen und Gott als Wunschbild des menschlichen Geistes begreifen.*

Nach diesem Umweg über die Religionskritik wollen wir uns dem Absolutheitsgedanken der christlichen Religion selbst zuwenden.

Zwei Formen des Absolutheitsgedankens im Christentum

Die christlichen Missionare treiben ihre Mission gegenüber *allen* Religionen. Sie gehen hin zu den Papuas im Hochland von Neuguinea, und sie verkünden ihre Botschaft den Repräsentanten der Hochreligionen im Osten, deren feinsinnige Geistigkeit uns Europäer oft beschämen kann. In einem solchen Missionsmotiv steckt natürlich ein unerhörter Anspruch. Dieser Anspruch – man kann ihn als den der *Absolutheit* bezeichnen – stellt sich in zweifacher Ausprägung dar:

Erstens: *Entweder* sagen die Christen: Ihr steht unter der Diktatur der Unwahrheit und seid Knechte der Dämonen. Wir aber bringen euch die Wahrheit und die Freiheit der Kinder Gottes. Was ist dann eure Religion? Nichts anderes als Anmaßung, weil ihr versucht – allerdings vergeblich – Gott in den Griff zu kriegen.

So aber, meinen wir, kann man die Religion der anderen nicht deuten. Diese Kritik ist allzu einseitig und so nicht haltbar. Denn es stimmt doch gar nicht, daß die Menschen anderer Religionen sich einfach dazu „entschließen", Gott nach ihrem Bilde zu machen und sich so eine Art religiöser Selbstbestätigung zu verschaffen. Sie sehen sich vielmehr genötigt, nach dem sie tragenden Lebensgrunde zu fragen. Das gerade macht doch ihr – und unser aller – Menschsein *aus*. – Es kann wohl sein, daß sie diese bei ihnen durchbrechende Frage veruntreuen und zugunsten ihrer eigenen Interessen verfälschen, das heißt im Sinne Feuerbachs, daß sie nur ihre geheimen Wünsche an den Himmel malen. Aber sind selbst diese Bilder dann *nur* blanke Illusion? Sind sie nicht vielmehr das verfälschte Bild einer Wirklichkeit, die der Mensch im gleichen Augenblick, da er sie empfing, schon veruntreute?

Daß der Mensch nicht von diesem Anruf loskommt, der ihn so aus der Tiefe seiner Existenz erreicht, wird auch daran deutlich, daß unsere Welt, so weltlich sie auch sein mag, ihrerseits immer wieder Religionen *produziert.* Diese Religionen treten etwa dann unter dem Stichwort „neue Religion" (wie in Japan) oder als „Weltanschauung" auf und bewegen zum Teil Millionen.

Zweitens: *Oder* – das ist die andere Möglichkeit – die Christen sagen: *Ihr* habt nur Bruchstücke, nur Fragmente der Wahrheit. *Wir* aber bringen euch die Fülle, den wahren, unverfälschten Gott. *Eure* Religion ist nur die bruchstückhafte Vorform dessen, was uns im Christentum *vollkommen* gegeben ist; *eure* Religion ist die relative Wahrheit, das *Christentum* dagegen hat die absolute Wahrheit.

Kein Geringerer als der Philosoph Hegel hat diese Anschauung vertreten: Alles, was sich in den anderen Religionen zeigt, darf keinesfalls(!!) mit dem Begriff der Religion *selbst* gleichgesetzt werden. Sie erreichen ihn sozusagen nicht, können mit diesem Begriff sozusagen nie kongruent werden. Im Christentum aber liege der Begriff Religion in seiner schlackenlosen geschichtlichen Verwirklichung vor. Es bilde die letzte, abschließende Synthese, in der alle bisher aufgetauchten Teilwahrheiten zusammengefaßt und „aufgehoben" sind. Hegel spricht von Absolutheit, wenn eine Idee (etwa die Idee Gottes) sich mit einer geschichtlichen Erscheinung völlig deckt. Und eben das ist nach seiner Meinung bei der christlichen Religion der Fall. – Sagen die einen Christen also: Der Unterschied zwischen den Religionen und dem Christentum ist ein grundsätzlicher, qualitativer: hier Wahrheit – dort Unwahrheit, so meinen die anderen: Der Unterschied ist nur ein stufenweiser, quantitativer: hier die höchste Steigerung, der wahre Gott – dort nur eine gebrochene, verzerrte Wahrheit. Wir dagegen meinen, der unerhörte Anspruch, den das Christentum mit seiner Mission gegenüber den Religionen vertritt, ist *zwischen* diesen beiden Polen anzusiedeln.

Sie werden uns nun fragen, ob und *wie dieser Anspruch zu begründen ist.* Um darauf antworten zu können, scheint uns zunächst einmal folgende Erkenntnis wesentlich (sie ist indirekt schon in den bisherigen kritischen Bemerkungen aufgeblitzt, gleichsam „bekannt" geworden. Wir müssen hier ausdrücklich von „Bekennen" reden, da in diesem kurzen Brief eine weniger entfaltende als vielmehr eine abgekürzte, grundsätzliche Redeweise erforderlich ist):

Religionen sind vom Menschen manipulierte Offenbarungen

Das Heilsgeschehen, wie Altes und Neues Testament es verkündigen, macht eine neue Interpretation der anderen Religionen möglich. *Es läßt diese Religionen aber keineswegs als bloßes Menschenwerk erscheinen.* Vielmehr findet sich in ihnen ein wirklicher, wenn auch verfremdeter *Anruf Gottes.* In den Paulusreden der Apostelgeschichte heißt es immer wieder: Ihr mögt Heiden gewesen sein und im Kraftfeld falscher Götter gestanden haben – trotzdem: in alldem hat sich Gott „nicht unbezeugt gelassen". Selbst unter der Maske der Verfremdung war er noch da (Apostelgeschichte 14,16 und 17; 17,27–30). Die Problematik der Religion liegt eben nicht darin, daß die Menschen auf die Idee gekommen wären, aus dem Überschwang ihrer Phantasie Gottesvorstellungen zu „produzieren". Vielmehr sind sie von dem Anruf des *wirklichen* Gottes erreicht worden: sie sehen sich nach dem Sinn ihres Daseins und der Macht gefragt, die ihr eigenes Leben und die Geschichte überhaupt bestimmt, nach der alles bestimmenden Wirklichkeit also. Die Religionen sind *Ausdruck dieses Anrufes,* dieser *wirklichen* Begegnung mit der die Menschen umgreifenden Macht.

Aber sie sind noch mehr. Sie sind zugleich *Ausdruck der Antwort,* die der Mensch auf diesen Anruf gibt. Und erst in dieser *Antwort* liegt das Fragwürdige der Religionen. Denn der Anruf, der von seiten Gottes hier laut wird und auf den der Mensch antworten muß, ist nicht nur die tröstliche Mitteilung, daß er von einer behütenden Macht umgriffen ist, sondern er ist zugleich auch die *Infragestellung des Menschen.* Das „Adam, wo bist du?" ertappt den Menschen auf seiner Flucht vor Gott. Gerade diese peinliche Infragestellung *verdrängt* der Mensch in seinen Religionen – sei es, daß er seine Religion zu bloß magischen Schutz-Praktiken entarten läßt, sei es, daß er sich – die eigene Personalität auflösend – ins Nirwana flüchtet oder in das All-Eine oder in die ewige Wiederkehr des Karma.

Der biblisch bestimmte Glaube macht diese kritische Interpretation der Religionen möglich, indem er verkündet, daß der Mensch immer schon den Sündenfall im Rücken hat und auf der Flucht vor Gott ist.

Diese Religionskritik ist aber auch auf das Christentum selbst anzuwenden. Denn das Wort Gottes ist ja ebenfalls ein Anruf – sogar ein sehr deutlicher Anruf –, der uns erreicht und den wir als Christen ebenfalls veruntreuen können. Durch die ganze Kirchengeschichte zieht sich der rote Faden dieser Veruntreuung, die Gott zeitgemäß, wunschgemäß machen und die Christen zu Knechten des Zeitgeistes werden läßt. So gesehen, ist diese Veruntreuung durch unsere Wünsche etwas, das allen Menschen gemeinsam ist. Wenn also auch die Christen vor dieser Gefahr durchaus nicht gefeit sind, spitzt sich die Frage erst recht zu:

Was ist das Besondere am Evangelium?

Indem der biblische Glaube so der Gesamtheit der Religionen gegenübertritt und sich nicht nur als eine von ihnen solidarisch einreiht, entsteht die Frage, was denn nun das Einzigartige an ihm ist, *was* ihm zu einem solch verwegenen Sendungsbewußtsein verhilft.

Dieses Besondere und einzig Dastehende, aus dem Rahmen aller Religionen schlechthin Herausfallende läßt sich in ganz schlichten Worten sagen: Es besteht in der Botschaft, daß Gott Mensch geworden ist. *Die Religionen: das ist der gottsuchende Mensch. Das Evangelium: das ist der menschensuchende Gott.* Hier geht es um die Botschaft einer Liebe, die sich in die Tiefe des Menschen hineinbegibt und ihm dort brüderlich nahe kommt. Hier geht es darum, daß Gott den Menschen bei seinem Namen ruft und ihm seine Identität verleiht. Die alte Sprache der Kirche drückt das mit dem Wort der bedingungslosen Gnade aus, die jedem gilt.

Der Weg zur Einsicht in die Einzigartigkeit des Christentums

Die Gnade, die jedem gilt, – dieses bedingungslose Angenommensein, also wird uns gegenwärtig in der Gestalt, die wir Jesus Christus nennen. Diese Wahrheit ist, so sehr wir sie auch reflektierend umkreisen mögen, nicht bloß Gegenstand intellektueller Einsicht. Wir müssen vielmehr mit ihr umgehen, sie in unserem Leben ausprobieren, um dahinterzukommen, was an ihr ist und ob sie standhält. Wir können in diesem Sinne zunächst ganz einfach das Experiment machen, Jesus und seine Wahrheit nur als eine unter vielen, Jesus gleichsam als ein religiöses Phänomen zu sehen, um einmal herauszukriegen, wie weit wir damit kommen. Wir könnten beispielsweise seine Forderungen loslösen von seiner Person und als ernstgemeinte Weisungen annehmen, die uns auch unser Gewissen sagen könnte. Dann werden wir vermutlich sehr schnell dahinterkommen, daß diese Forderungen, z. B. unbedingte Feindesliebe, nie durchzuhalten sind, wenn wir nicht vorher schon von der Gewißheit getragen sind, daß der andere ebenso von Gott angenommen, geliebt und gesucht wird wie wir selbst! Gemeinschaft im christlichen Sinne entsteht nur aus dieser Gewißheit. Was Gemeinschaft mit Gott ist, erfahren wir also nur, wenn wir in sie *einzutreten* wagen und es einmal mit diesem Christus versuchen. Was Freiheit ist, erfährt nur der, der sich aus Knechtschaft und Entfremdung befreien läßt. Was Vertrauen zu einer Person ist, wird nur der merken, der sich mit dieser Person einläßt und sein Leben an sie wagt.

In diesem Sinne läßt sich abschließend – in einem hinkenden und verkürzenden Bilde zwar, aber immerhin doch in einem Bilde – die Einzigartigkeit der Gestalt Jesu Christi ausdrücken: In den Hochreligionen des Ostens gleichen die Menschen mit ihrer Individualität den Flüssen, die sich in den Ozean ergießen und darin auflösen. Im All-Einen oder im Nichts des Nirwana findet das Getrennte und Individuelle seine Erfüllung, indem es sich selbst aufhebt. Dort aber, wo Christus das letzte Wort hat, ergieße ich mich nicht in einen namenlosen Ozean, löse ich mich nicht ins alles umgreifende Nichts auf. Nein: dort, wo der menschensuchende Gott das letzte Wort hat, bin ich vielmehr bei meinem Namen gerufen, da bin ich „sein“, da werde ich wahrhaft „ich selbst“, da finde ich meine eigentliche Identität als der teuer erkaufte, nach Hause gesuchte Sohn. Dieser mein Name ist ins Buch des Lebens geschrieben und kann in Ewigkeit nicht ausgelöscht werden. *Wir lösen uns nicht auf, sondern werden zu ewiger Gemeinschaft mit Gott erlöst.*

Hinweise zur Vertiefung

P. le Seur hat einmal gesagt: „Die Religionen sind die tiefen, bangen Fragen; aber Jesus Christus ist Gottes rettende Antwort.“ Lesen Sie bitte als Illustration dazu den Bericht vom Auftreten des Paulus in Athen (Apostelgeschichte 17,16–34).

Da wir in diesem Brief immer wieder von „den“ Religionen gesprochen haben, werden unsere Leser es vielleicht begrüßen, wenn wir einige Hinweise auf die Welt der Religionen geben. Sie sind natürlich bis an die Grenze des Erlaubten vereinfacht. Wir verstehen sie nur als Anregungen, weiterzufragen und sich in das eine oder andere Buch dazu zu vertiefen. Besonders weisen wir dazu hin auf das später zu nennende Buch von Ulrich Mann.

Abgesehen vom Christentum, sehen wir in den Weltreligionen zwei Hauptströmungen, die Gesetzesreligionen und die asiatischen Hochreligionen.

Zu den *Gesetzesreligionen* rechnet man das Judentum, den Islam und den Confuzianismus. Kennzeichnend für sie ist das redliche Bemühen des Menschen, den gewaltigen Abstand zwischen ihm und Gott durch sittliches Streben zu verringern.

Ein ganz anderes religiöses Klima herrscht in den *asiatischen Hochreligionen,* zu denen wir den Brahmanismus, den Buddhismus und den Hinduismus zählen. Wohl spielt auch in ihnen die sittliche Leistung eine Rolle, wichtiger für sie aber ist die Erkenntnis, daß die Verstrickungen der menschlichen Existenz begründet sind in ihrem ständigen Versuch, das eigene Selbst mit seinen Wünschen und Sehnsüchten festzuhalten. Will der Mensch mit der Gottheit vereint sein, so bleibt ihm also nichts anderes als das Bemühen, dieses auf die Welt ausgerichtete Selbst aufzugeben. Nun wissen aber die Hochreligionen, daß die Erfüllung dieser Forderung nicht gelingt, es sei denn – und diese Möglichkeit sehen sie im allgemeinen – auf dem Wege der Wiederverkörperung, der sogenannten Reinkarnation. Nach dieser Lehre löst der Mensch sein Selbst im Laufe der Zeit auf, das heißt: er erscheint *wiederholt* auf der Erde, so oft nämlich, bis er sich selbst völlig entäußert hat und das „Rad der Wiedergeburt“ stillstehen kann.

Was alle Religionen verbindet, ist das leidenschaftliche Streben nach Verbindung mit der letzten Wirklichkeit, nach der Erlösung von sich selbst und seiner Gespaltenheit. Das „Mittel“ aber, dieses Ziel zu erreichen, sind immer nur Gesetze, Anleitungen zur Erkenntnis der eigenen Situation und „Wandervorschriften“.

Irgendwann fragte Petrus Jesus: „Wohin sollen wir gehen?“ Und er antwortete selbst auf seine eigene Frage: „*Du* hast Worte des ewigen Lebens, und wir haben geglaubt und erkannt, daß du bist Christus, der Sohn des lebendigen Gottes“ (Johannes 6,68 und 69). Gerade auf diesem Hintergrund wird nochmals das Befreiende des Evangeliums erhellt: Wir brauchen unsere Situation nicht zu beschönigen, nicht einmal *religiöse* Gefühle aufzubringen.

Literatur zum Thema

Ulrich Mann, Das Christentum als absolute Religion; Wissenschaftl. Buchges. 1970.

Natürlich können wir in einem kurzen Brief nicht allen Religionen gerecht werden. Unsere Gedanken waren ja auch mehr grundsätzlicher Natur. Zur weiteren Information sei verwiesen auf: Die Antwort der Religionen, Sachbuch rororo 6700 (hrsg. v. G. Sczesny).

Für die Beschäftigung mit Sekten verweisen wir auf: *Kurt Hutten*, Seher, Grübler, Enthusiasten, Quell-Verlag.

Wie es weitergehen soll

Die Gefahr aller Überlegungen ist, daß sie in Theorie steckenbleiben. Wie finden wir Kraft zur Praxis? Woher bekommen wir den neuen Antrieb? Darüber geht es im nächsten Brief: Heiliger Geist – Gott in Aktion.

Mit herzlichem Gruß
Ihre Projektgruppe Glaubensinformation

Brief 11:

Heiliger Geist – Gott in Aktion

Liebe Kursteilnehmer!
Unsere Briefe waren bisher darum bemüht zu verdeutlichen, wie die Bibel „Gott", wie sie „Jesus Christus" sieht. Im Zusammenhang mit diesen beiden Namen sprechen die Christen aber seit Beginn ihres Glaubens vom „Heiligen Geist". Was meinen sie eigentlich damit? Wir können uns denken, daß eine solche Formel wie die vom Heiligen Geist Sie etwas fremdartig berührt oder – was freilich noch unangenehmer wäre! – daß der eine oder andere sie einfach gedankenlos übernimmt, weil sie durch die Tradition in seinem Bewußtsein sozusagen eingeschliffen ist. Wie es nun auch sei: Wir möchten Sie gern zu der neugierigen Frage ermuntern, welche Gedanken in und hinter dieser Formel stecken.

Um was es geht

Die Konjunkturlage bietet uns einen Markt dar, auf dem das Thema „Heiliger Geist" nicht gerade lebhaft gefragt ist. Wo sollte dieser Geist auch in unserer durchrationalisierten Alltagswelt Raum haben? Statt zwielichtiger Geister regieren in der nüchternen Atmosphäre von Werkshallen und Büros eher die Kühle des Verstandes und ein oft unentrinnbarer Leistungsdruck. Im hellen Neonlicht unserer Wohnkultur aus Glas und Beton sind kaum dunkle Winkel, in die sich irgendein vielleicht nebulöser, das Licht der Vernunft scheuender Geist flüchten könnte. Sollten wir also lieber vom Heiligen Geist schweigen?

Mit gutem Gewissen könnten wir das nicht; denn zwei wichtige Gründe sprechen dagegen:

Der erste Grund:

Wir wollen in unseren Briefen auf keinen Fall bloß subjektive Ansichten und persönliche Meinungen verbreiten. Wir möchten vielmehr darlegen, was zum Inhalt des Glaubens gehört. Das aber sollte nicht von unserer schwankenden Stimmung oder der augenblicklichen geistesgeschichtlichen Großwetterlage abhängig sein. Wir meinen, der Heilige Geist ist kein beliebiges, entbehrliches Anhängsel, sondern er gehört ins Zentrum des Glaubens. Der ganze dritte Artikel des apostolischen Glaubensbekenntnisses handelt von ihm, und äußerlich betrachtet steht er sozusagen gleichberechtigt neben dem Artikel vom Vater und dem vom Sohn. Was also steckt dahinter?

Nach dem Text des überlieferten Bekenntnisses hat der Heilige Geist es mit der „heiligen christlichen Kirche", mit der „Gemeinde der Heiligen" und der „Vergebung der Sünden" und sogar mit dem „ewigen Leben" zu tun. Hinter den alten Worten stecken Erfahrungen, die Christen immer wieder gemacht haben, wenn sie sich fragten: Was wird aus uns?

Lohnt es zu hoffen? Leben wir auf eigene Rechnung und Gefahr, oder sind wir in einer Gemeinschaft zu Hause? *Wer gibt uns die Kraft zu einem neuen Anfang, wenn wir gescheitert sind?*

Der zweite Grund:

Wir sollten uns von den intakten Fassaden unserer Lebenswelt nicht blenden lassen. Es scheint zwar so, als ob der Heilige Geist wenig Chancen hätte. Aber man muß nur genau hinhören. *Unsere Zeit hallt wider vom Ruf nach einem neuen Geist.* Manchmal klingt er wie der unartikulierte Schrei von Ertrinkenden. Viele junge Menschen sind vom verzweifelten Protest gegen sterile festgefahrene und vergewaltigende Ordnungen erfüllt. Andere stehen kurz vor dem Abgrund: Den Blick vielleicht drogenumflort, lungern sie nachts in Parkanlagen und auf U-Bahnhöfen herum. Schreien sie nicht nach einem neuen Geist, den sie nicht kennen und nicht haben? Wenn zwischen Wohnmaschinen und Verwaltungspalästen abends das Leben erstirbt, hastet mancher durch die leeren Straßen, problembeladen vielleicht, in Konflikte verstrickt, einsam, und sucht irgendeine Menschenseele, die ihm zulächelt. Dann ahnt man, was ein neuer Geist für uns alle und für die Gesellschaft insgesamt bedeuten könnte (vgl. Sie unseren Brief Nr. 6). Die Sache mit dem

Heiligen Geist muß neu durchdacht werden. Wie also sind die Menschen der Bibel auf ihn gekommen – und warum?

Ein Geist weht überall

Waren Sie schon einmal in einer Diskothek? Dort geht es meist ziemlich laut zu. Aber es bietet sich doch ein faszinierendes Bild. Junge Menschen tanzen hingebungsvoll, ja verzückt nach mitreißenden Rhythmen, manchmal nach hartem, aggressivem Beat, manchmal nach gefühlvoller, einschmeichelnder Soulmusik. Das zuckende, kaleidoskopartige Spiel der bunten Scheinwerfer erhellt eine geisterhafte Szene. Hier werden Menschen ergriffen, gefangengenommen, mitgerissen.

Da können einem Bibelleser bestimmte Szenen des Alten Testaments in den Sinn kommen. Damals war es keineswegs ungewöhnlich, wenn Menschen in Verzückung gerieten und sich dabei völlig verwandelten. Bisweilen widerfuhr das einer ganzen Gruppe (1. Samuel 10,6ff.), und sogar der König David geriet einmal außer sich. Er tanzte, wie es heißt, „mit aller Macht im Reigen, mit Liedern, mit Harfen und Psaltern und Pauken und Schellen und Zimbeln" (2. Samuel 6,5). Ob das so sehr anders aussah als die Szenerie in unserer Diskothek? Man war gepackt von einer rätselhaften Kraft. Nur war es damals natürlich nicht der Sound von Les Humphries, sondern man glaubte, das Widerfahrnis des Geistes Gottes zu erleben. (Das hebräische Wort „ruach Jahwe", das hier im Urtext steht, ist von einem genialen Übersetzer mit „Braus Gottes" wiedergegeben worden.) Damit war jene Macht gemeint, mit der Gott selbst auf den Plan trat. Er tat es durch Boten und Gesandte, durch die Propheten, die von ihm redeten, durch „Charismatiker", das heißt durch Leute, die in besonderer Weise seine Hand auf sich ruhen fühlten und von ihm getrieben waren, die das Volk Israel zu führen wußten. Es waren die Seher, die Wahrheiten Gottes schauten und davon zu reden begannen, Menschen, die von einer unfaßbaren Dynamik ergriffen wurden, die „Gott in Aktion" erlebt hatten und dadurch ihrerseits zu Aktionen hingerissen wurden.

Israel hat jahrhundertelang Erfahrungen mit diesem Geist Gottes gemacht. Aber es wußte auch, daß ganz andere Geister nach dem Menschen greifen. Man kannte Dämonien und Besessenheiten, Menschen, die der Macht der Finsternis erlagen und sich einem fremden Geist verschrieben, der dem Geist Gottes widerstand. *Im Grunde ist der Mensch wie ein Vakuum, in das immer irgendein*

Geist, eine Überzeugung, eine Leidenschaft einzieht, selbst wenn es nur der namenlose Geist eines ergebenen Schicksalsglaubens ist. Politische „Kämpfer“ und Briefmarkensammler, Fußballfreunde und engagierte Entwicklungshelfer sind alle von ihrer Sache hingerissen, und sogar Gottesdienste (z.B. in der dritten Welt oder in Haarlem) können von der Macht der Begeisterung getragen sein. Die Welt ist wie ein großes Schlachtfeld, auf dem sich liebenswerte und verführerische, überzeugende und langweilige, gute und gefährliche, ja dämonische Geister tummeln. Von welchen dürfen wir uns ganz erfüllen lassen? Welcher von ihnen ist ein heiliger Geist? Wie lautet sein Name? Was will er mit uns?

Zur Erinnerung: Jesus

Diese Fragen legen es nahe, einmal nachzuforschen, welche Auskünfte darüber im Neuen Testament zu finden sind:

Die Erfahrungen des alten Israel mit dem Geist endeten schließlich in der Resignation. Der alte Geist war erloschen, und Gott schien nicht mehr in Aktion zu treten. Allenfalls ein paar schwärmerische Fanatiker hofften, daß noch einmal Gottes Geist die Welt erfüllen werde, wenn auch erst am Ende aller Zeit. Inzwischen hielt man sich an Gottes Gesetze und legte sie in bester Absicht immer weiter und immer komplizierter aus, ohne zu merken, daß man damit Barrikaden gegen den Geist errichtete und ständig höher auftürmte. Die religiöse Bürokratie verdrängte den Geist. Vielleicht ist unsere Situation gerade in dieser Hinsicht der Zeit sehr ähnlich, in der Jesus auftrat. Auch bei uns herrscht das, was Paulus den „toten Buchstaben“ nennt, und zwar in Gestalt von übermächtigen Apparaten, von Bürokratien und anonymen Gremien. Das, was uns heute bedrängt, war damals die alles reglementierende Gesetzesauslegung der Schriftgelehrten und Pharisäer.

Dann aber trat Jesus auf und verkündete den *neuen* Geist. Der Mensch galt ihm mehr als Prinzipien, Gesetze und Vorurteile. Er heilte Kranke und vergab den Gescheiterten ihre Schuld. Er nahm sich der Ausgestoßenen und Diskriminierten an und pflegte Gemeinschaft mit ihnen. Er befreite Besessene und trieb Dämonen aus –, „mit dem Geist Gottes“, wie es bei Matthäus 12,28 heißt. Die Parallelstelle bei Lukas 11,20 zeigt, wie man sich diesen Geist Gottes vorstellte. Es war das dynamische, unmittelbare Eingreifen Gottes selbst. Wie mit seiner eigenen Hand trat Gott in Aktion. Und von diesem Geist heißt es, daß er auf Jesus geruht habe (Markus

1,9ff.). Damit erhielt der Geist, von dem der Glaube der Christenheit spricht, gegenüber dem Chor mancherlei anderer Geister nicht nur seinen Namen, sondern dieser „Geist Jesu Christi" zeigte und vollzog nun eine ganz neue Aktion Gottes. *Es war ein besonderer Geist, der Gewißheit und Lebensmut gab, der versöhnte und befreite, der Einsamkeit und hoffnungslose Lebenssituationen durchbrach. Man kann das an Wort und Tat Jesu ja ablesen.* Kein Wunder, daß die Menschen begriffen, daß mit diesem Geist durch das Wirken Jesu etwas Endgültiges passiert war. In ihm war ein Stück unwiderruflichen Heils in die Welt gekommen, das in Verbindung stand mit jener anderen Verheißung Gottes, daß am Ende aller Tage kein Leid und kein Geschrei, sondern sein Reich des Friedens stehen würde. Das waren die Zeichen: „Blinde sehen, Lahme gehen, Aussätzige werden rein, Taube hören, Tote stehen auf und dem Armen wird das Evangelium gepredigt" (Lukas 7,18–23).

Heute …

Es mußte nun eine entscheidende Frage sein, ob die wirksame Kraft dieses Geistes beschränkt blieb auf die wenigen Jahre des öffentlichen Auftretens Jesu. Was war nach Karfreitag und Ostern mit dem Geist? War und blieb er eine lebendige Macht, oder erlosch er wieder, wie das in der Zeit des „toten Buchstabens" ja *schon* einmal gewesen war? Das ist durchaus nicht nur die Frage der ersten Generation nach Jesus gewesen, sondern es war und ist bis heute die Frage der *ganzen* Christenheit. Sie war und ist unablässig darauf aus, allen Menschen das Heil zu bringen, das ihr selbst widerfahren war. So hoffte und hofft sie auf das Wirken des Geistes zu allen Zeiten und an allen Orten.

Das trifft die Sehnsüchte unserer Zeit: Was wäre das für eine Welt, die ergriffen wäre von dem Geist der Versöhnung, von einem Geiste also, der nicht vom schwankenden guten Willen abhängig ist! Was wäre das für ein Leben, das auch in der ausweglosen Sackgasse noch getragen ist von einem Geist unzerstörbarer Hoffnung, ein Leben also, das selbst in der Unterdrückung nicht aufgibt, sondern auch da noch aus dem Geist der Freiheit lebt und sogar in Einsamkeit und Isolierung noch vom Geist der Gemeinschaft mit Gott getragen ist! Müßten wir uns nicht nach einem solchen Geist sehnen, um in den Konflikten des Alltags bestehen zu können? Wie kann es geschehen, daß ein solcher Geist, eine solche mitreißende Kraft über die ganze Welt kommt?

Um das, was mit dieser Erfahrung des Geistes Gottes gemeint ist, in lebendiger Anschauung kennenzulernen, ist es gut, wenn Sie einmal die Pfingstgeschichte im zweiten Kapitel der Apostelgeschichte lesen. Da kommt über die Versammelten eine ungeheure Erschütterung. Da ist vom Brausen in den Lüften und von Feuerflammen die Rede. In die ausgeglühten toten Buchstaben einer museal gewordenen Heiligen Schrift kommt plötzlich wieder Leben. Man sieht das an der Pfingstpredigt des Petrus (Kapitel 2,14–36): Da erzählt er lauter alte und bekannte Geschichten aus der Zeit des Alten Bundes, vertraute Namen tauchen auf. Und doch sieht das alles im Feuerschein der Geist-Erfahrung ganz neu und verwandelt aus. Man erkennt es kaum noch wieder. Auf einmal nämlich ist es nicht mehr eine Chronik aus alten Zeiten, deren vergilbter Würde man zwar mit Respekt begegnete, die einen aber auch ziemlich kalt ließ. Sondern das alles wird plötzlich zu einer beklemmenden Botschaft, die mir unter die Haut geht, die mit Macht in mein Leben einbricht. Der Gott, der vorher zu schweigen schien, hat wieder zu reden begonnen, seine Worte kommen auf einmal bei mir an. Gott ist wieder in Aktion.

Es wäre ja auch ein armseliges Reden und Wirken Gottes, wenn es sich nur darauf beschränkte, ein paar Richtigkeiten und moralische Appelle unter die Leute zu bringen und sich in bloßen klugen Gedanken und intelligenten Behauptungen zu erschöpfen. *Wenn wir vom Glauben reden, müssen wir auch von der „Macht" des Glaubens reden.*

Der Heilige Geist hat etwas Mitreißendes. Das spürt man, wenn man die Pfingstgeschichte liest. Aber *wohin* reißt er uns denn? Ganz sicher entführt er uns nicht in den Nebel mystischer Ekstase oder in unvernünftige Gefühlsduselei. Es geht um etwas ganz anderes. Es geht um das Engagement für die richtige Sache. Wir sehen Jesus in einem neuen Licht. Der Groschen fällt. Was vorher nur eine leere Formel, ja vielleicht eine Phrase war, bekommt jetzt plötzlich wieder einen Sinn.

Ich vermute, daß Sie Ähnliches schon selber erfahren haben. Die meisten von uns haben in ihrem Gedächtnis eine ganze Anzahl christlicher Worte oder wenigstens Wortfetzen gespeichert: ein paar Psalmworte vielleicht oder einen Satz aus der Bergpredigt oder das Vaterunser. Doch das ist im hintersten Fach unseres Seelenschranks abgelegt, dort also, wo die Dinge lagern, die man normalerweise nicht braucht. Da mag zum Beispiel auch der 23. Psalm liegen, an den ich mich dunkel erinnere:

Spricht er nicht von einem finstern Tal, durch das ich muß, und sagt er dann nicht: „Du bist bei mir, dein Stecken und Stab trösten mich" –? Nun ja: solange ich munter dahinlebe, mein Hobby habe und höchstens einmal von Zahnschmerzen geplagt bin, kommen diese Worte nicht aus dem hintersten Fach heraus. Doch dann überfällt mich womöglich eine wirkliche Not. Vielleicht besteht sie in einer schlimmen Krankheit, oder der liebste Mensch stirbt mir, oder in meinem Beruf kommt es zu einer Katastrophe. Stellen Sie sich nun bitte vor (oder haben Sie das etwa schon selber erlebt?), daß da ein Mensch zu Ihnen tritt, den Ihre Verlassenheit anrührt und der mit Ihnen fühlt.

Schon das tut Ihnen gut. Aber dann liest er Ihnen vielleicht jenen Psalm vor mit den Worten vom Stecken und vom Stab. Können Sie sich vorstellen, daß dann diese Worte plötzlich verwandelt sind, daß sie förmlich nach Ihnen greifen und eine Macht der Tröstung für Sie gewinnen? Und sehen Sie, genau das ist das Wunder des Geistes: Die Buchstaben werden lebendig. Sie werden zum Gefäß eines Wortes, das Gott selbst zu Ihnen spricht. Sie wissen auf einmal, daß ein ewiges Herz für Sie schlägt. Das meinten wir mit dem Slogan, daß der „Groschen fällt".

Wir erkennen nun: Jesus ist kein toter Heiliger, und seine Liebe zu uns ist kein vergangener Traum. Aus dem Grab der Langeweile und Nebensächlichkeit ist er zu neuem Leben erwacht. Er geht uns etwas an. Er sagt uns, daß das Leben mehr ist als die Arbeit. Er macht uns frei für das Glück. Er ist bei uns im Strudel des bunten und gehetzten Lebens. Er tröstet uns, er liebt uns. Wen sollte diese Botschaft nicht anrühren? Wer könnte dabei kalt bleiben? Der Heilige Geist führt nicht auf Abwege, sondern direkt auf Jesus zu. Er erfüllt ihn für uns mit Leben, so daß wir uns an ihn erinnern.

Das Wort „Erinnerung" ist natürlich mißverständlich. Der Heilige Geist ist ja nicht so etwas wie „der Geist Goethe's" oder das Zurückdenken an Bismarck, an den man sich freundlich – oder weniger gern – erinnert. Es geht vielmehr um ein lebendiges Ereignis, das *jetzt* nach uns greift. *Nicht wir erinnern uns an Jesus, sondern Gott selbst bringt sich in Erinnerung, indem uns sein Geist in die Geschichte Jesu verwickelt.* Heute soll uns vergeben werden, wie Jesus *damals* Vergebung austeilte. Heute sollen wir Mut gewinnen, um der zweifelnden, ängstigenden Frage zu widerstehen, ob wir denn aus dem Nichts kommen, um das Leben auf eigene Faust zu führen und dann wieder ins Nichts zurückzusinken. *Jesus wird Gegenwart.* Ihm nehmen wir es ab: „von allen Seiten umgibst du mich und hältst deine Hand über mir (Psalm 139,5). Spüren Sie, daß diese Worte ein Gebet sind? Diese Art Erinnerung an Jesus vollzieht sich tatsächlich im Gebet, im „Kontakt mit Gott", wie wir in einem der nächsten Briefe sagen werden. Der Heilige Geist lehrt glauben und beten.

Spuren und Signale

Nun bleibt freilich noch eine entscheidende Frage offen. Der Heilige Geist wirkt, „wo er will". Wo aber können wir ihn dann greifen? Wo kommen wir über Vermutungen, Ahnungen, Spekulationen hinaus? Wir brauchen doch Gewißheit!

Der Glaube der Christenheit gibt einen verblüffenden Hinweis: Der Ort des Heiligen Geistes ist die Gemeinde. Hier sollen wir ihm begegnen.

Manch einer von Ihnen hält das wohl für eine Zumutung. Was hat eine Institution wie die Kirche schon mit dem Geist zu tun? Und wer hat sich noch nicht über die Kirche geärgert? Wie viele Leser schreiben uns von den Enttäuschungen, die sie mit der Kirche erleben! Dem einen ist sie zu politisch, dem anderen zu unpolitisch. Manche empfinden ihre moralischen Grundsätze als zu gesetzlich und zu starr, andere meinen, sie sei viel zu freizügig und erlaube zuviel. Und wenn man genau hinhört, gibt es wohl zu jeder wichtigen Frage unseres Lebens in der Kirche selbst verschiedene Meinungen. Es geht jedenfalls sehr menschlich in ihr zu. Und schließlich: Kann man nicht viel besser ohne Kirche glauben?

Diese Fragen bewegen uns ebenso wie Sie, und wir wollen ihnen auch nicht ausweichen. Darum möchten wir später noch einmal ausführlicher und auch durchaus selbstkritisch auf das Thema Kirche zurückkommen. Hier aber gilt es vor allem *Eines* zur Kenntnis zu nehmen:

In der Pfingstgeschichte – bei der Ausgießung des Heiligen Geistes also – geht es tatsächlich um das Gründungsdokument jener Gemeinschaft, die wir „Kirche" nennen. Am Ende des schon zitierten zweiten Kapitels der Apostelgeschichte (ab Vers 44) wird in ein paar kräftigen Strichen das Bild des Lebens der ersten Gemeinde gezeichnet. Natürlich gehörten auch ihr bestimmte Menschen an mit ihren Makeln und Fehlern, mit Eifersucht, Ehrgeiz, Dummheit und engen Herzen. Immer war die Kirche eine unvollkommene, fehlerhafte, eben menschliche Angelegenheit. Immer gab es auch Kampf und Streit (vgl. 1 Korintherbrief 1,10–17). Immer aber bleibt die Gewißheit, daß wir Christen nicht als isolierte Einzelgänger leben können, sondern daß wir die Gemeinschaft der mit uns Glaubenden brauchen. Die Bibel macht uns hier nichts vor. Sie erzählt uns keine Lüge von der heilen Kirche. *Aber in dieser oft so fragwürdigen Institution Kirche geht es um eine Gemeinschaft, die die Wahrheit sucht und das Heil will. Ohne Ringen und Suchen, ohne verblüffende Einsichten und abenteuerliche Ideen, ohne Diskussionen und Auseinandersetzungen ist hier noch keiner weitergekommen.* Die Kirche muß wissen: Ihre Wahrheit ist kein starres Schema, sondern ein lebendiger Geist. Sie muß deshalb offen für Kritik sein. Man soll seine Meinung deutlich sagen und Mißstände beim Namen nennen und sich dann selbst für Reformen einsetzen. Denn im Kern geht es bei aller Verschiedenheit von Meinungen um den einen Geist, um seine Spuren und Signale mitten unter uns, mitten in dieser Kirche:

1. Wo die Geschichte Jesu nicht frommes Märchen bleibt, sondern packende Gegenwart wird, da ist der Heilige Geist, da verwandelt Gott unser Leben. Aus Verzweiflung wird Hoffnung, aus Langeweile wird Erfüllung, aus Weinen wird Lachen, aus hartem Streit wird Liebe.
2. Wo das alles kein schöner Traum bleibt, sondern unser ganzes Tun und Lassen prägt, da ist der Heilige Geist. Er bringt Früchte des Glaubens, „gute Werke" hervor:

   Wo jemand im Namen Jesu Geduld hat mit dem anderen, ihm gelassen und ruhig Zeit läßt und die Freiheit gewährt, weil er selbst in der Nachfolge Jesu Christi lebt, *da wirkt der Heilige Geist.*

   Wo wir andere Menschen nicht nur so betrachten, wie sie uns zunächst erscheinen, wo wir sie vielmehr schon jetzt in der zukünftigen Perspektive des Reiches Gottes sehen (als das nämlich, was sie durch Gottes Wirken werden könnten), wo wir also in unserer Begegnung mit ihnen mehr auf das setzen, was wir von ihnen erhoffen, als auf das, was wir von ihnen befürchten, wo wir folglich damit rechnen, daß Gott ihnen ganz neu begegnen und sie ändern könnte, *da ist der Heilige Geist.*

   Wo die uns beherrschende materielle Wertschätzung aller Dinge, wo Neid und Mißgunst unterlaufen werden durch Hingabe, weil sich Christus für uns alle dahingegeben hat, *da wirkt der Heilige Geist.*

   Wo jemand um Jesu willen hingeht zu den Armen, Rechtlosen und Kranken, sie tröstet und ihre Lebensverhältnisse zu ändern versucht, *da wirkt der Heilige Geist.*

Wir haben mit diesen Hinweisen natürlich nur ein paar Fußspuren des Heiligen Geistes in unserer Welt aufgewiesen. Ohne Einschränkung bleibt bestehen, daß er wirkt, wo er will. Die Vergebung der Schuld, die Lektüre der Bibel und die Erziehungsarbeit der Kirche, die Tagungen von Kirchenvorständen und anderen Leitungsgremien ebenso wie Jugend- und Altenkreise, der helfende Dienst an Schwachen und Armen ebenso wie das mutige Zeugnis unterdrückter christlicher Minderheiten überall in der Welt –, das alles ist ohne Wirken des Heiligen Geistes undenkbar. Das christliche Leben muß mißlingen, wo er fehlt, denn er ist eben „Gott in Aktion" –, die Art und Weise, in der Gott selbst auch heute wieder auf den Plan treten will.

In einem Glaubensbekenntnis neuer Art heißt es: „Christus hat keine Hände, nur unsere Hände." Gott tritt durch uns in Aktion, indem der Heilige Geist uns verwandelt.

Hier liegt auch die Hoffnung der Christenheit auf die Zukunft begründet. Es geht um eine Ermutigung und eine Herausforderung zugleich. Denn, so heißt es am Schluß dieses Bekenntnisses: „wir sind vielleicht die einzige Bibel, die die Welt noch liest".

Hinweise zur Vertiefung

Wir haben im Text dieses Briefes schon einige Bibelstellen genannt, und wir bitten Sie, diese nachzulesen.

Bitte, schlagen Sie Apostelgeschichte 2 auf, wo die Ausgießung des Heiligen Geistes am Pfingstfest und die Geburt der Kirche geschildert wird.

In Johannes 8,3–11 kann man beispielhaft ablesen, in welchem Geist Jesus selbst gehandelt hat.

Im Römerbrief 8,18–30 stellt Paulus den Geist in den Zusammenhang einer weltgeschichtlichen Perspektive: Das Geschenk des Geistes erscheint hier als die „erste Rate" von unermeßlichen Gaben, die uns in immer weitere Erfüllungen führen.

Im 1. Korintherbrief 12–14 ist von den Früchten des Geistes die Rede: Es gibt viele Geistesgaben, und die höchste davon ist die Liebe. Paulus gibt auch Hinweise darauf, wie man mit dem Heiligen Geist bei den Versammlungen der Christen im Gottesdienst usw. umgehen sollte.

Literatur zum Thema

Wolfhart Pannenberg, Das Glaubensbekenntnis ausgelegt und verantwortet vor den Fragen der Gegenwart, Siebenstern-Taschenbuch Nr. 165, Hamburg 1972, Seite 136 bis 166.

Helmut Thielicke, Ich glaube. Das Bekenntnis der Christen, Herder-Taschenbuch Nr. 396.

Wie es weitergehen soll

Der Heilige Geist weist darauf hin, daß wir selbst vielleicht die einzige Bibel sind, die die Welt noch liest. Um so wichtiger ist es, daß wir selbst die geschriebene Bibel wieder neu in die Hand nehmen und zu lesen versuchen. Dabei stoßen wir auf die Frage, ob man die Bibel als das „Wort Gottes“ bezeichnen kann. Ist das nicht zu hoch gegriffen? Mehr dazu im nächsten Brief.

Mit herzlichem Gruß
Ihre Projektgruppe Glaubensinformation

Brief 12:

Ist die Bibel wirklich „Wort Gottes"?

Liebe Kursteilnehmer!
Die Bibel steht oft im Kreuzfeuer der Kritik. Widersprüche, Abwehr, aber auch hilfreiche Wegweisung kennzeichnen ihren Weg durch die Jahrhunderte. Ist sie nun Menschenwerk oder Gottes Wort?

Gottes Bestseller – Verbreitung und Wirkungsgeschichte der Bibel

Kaum ein literarisches Dokument der Weltliteratur besitzt eine derart große Verbreitung und so hohe Auflageziffern wie das „Buch der Bücher", die Bibel. Zwei Weltreligionen dient sie als Heilige Schrift: *Judentum* und *Christentum.* Die jüdische Religion erkennt allerdings nur ihren alttestamentlichen Teil als verbindliche Richtschnur an. Eine dritte Weltreligion, der *Islam,* verdankt der Bibel wesentliche Impulse. –

Durch die missionarische Ausbreitung des Christentums wurde dieses Buch zu einem echten „Bestseller", übersetzt in etwa tausend Sprachen. Unzählbar sind die von biblischen Gestalten und Themen angeregten und bestimmten Werke der Philosophie, Literatur, bildenden Kunst und Musik. Sicher hat die Kirche gelegentlich Unverständnis, ja Intoleranz gegenüber einzelnen Ergebnissen naturwissenschaftlicher Erkenntnis gezeigt. In der neueren kulturgeschichtlichen Forschung setzt sich jedoch mehr und mehr die Erkenntnis durch, daß in unserem abendländischen Raum naturwissenschaftliches Denken und in seinem Schlepptau die Technik gerade deshalb einen so imponierenden Aufschwung nehmen konnten, weil die christliche Religion dem Menschen die Welt der Natur zur uneingeschränkten Verfügung übergibt: „Macht euch die Erde untertan!" (1. Mose 1, 28). In einem religiösen Klima, das bestimmte Naturbereiche als heilige Bezirke (z.B. die Rinder in Indien!) ausgrenzt, sind naturwissenschaftliche Forschung und damit die Entstehung von Zivilisation weitgehend unterbunden.

Nicht weniger bedeutsam als dieser kulturgeschichtliche Aspekt erscheint die *sozial- und rechtsgeschichtliche Ausstrahlung bestimmter ethischer Grundsätze*, vor allem der Zehn Gebote und der Forderung der Nächstenliebe. So ist es sicher nicht zufällig, daß beispielsweise die Leitideen der Französischen Revolution („Freiheit, Gleichheit, Brüderlichkeit") in einem Kulturbereich proklamiert wurden, in dem die Gleichheit aller Menschen *vor Gott* als religiöse Überzeugung längst vorgegeben war. Unbestreitbar ist auch der Einfluß der genannten biblischen Normen auf die Rechtsprechung der meisten zivilisierten Staaten bis hin zu den „Menschenrechtskonventionen der Vereinten Nationen".

Schließlich – und eigentlich zuerst – ist die Bibel das *Buch der Kirchen*, ihre „Gründungsurkunde" und „Verfassung" gleichermaßen.

Einzelne Schriftworte gaben unzähligen Menschen Kraft, Hoffnung und Wegweisung – in unbeschwerten wie in krisenhaften Tagen. Wenn sie die Bibel lasen, spürten sie, daß dieses Buch keine abstrakten Erkenntnisse enthält – etwa im Sinne eines mathematischen Lehrgebäudes, dessen Lektüre niemanden im Kern seines Wesens berührt. Sie spürten vielmehr, daß die Bibel ihr eigenes Leben und dessen Probleme zur Sprache bringt. Im Zuge solcher Betroffenheit wurde ihnen gewiß: In diesem Buche spricht niemand als Gott selbst zu uns. Eins leuchtet dabei wohl ohne weiteres ein: Wenn man die Bibel so versteht, dann wird sie zu einer Macht, die tief in unser Leben eingreift. Ohne sie hätte z.B. ein Albert Schweitzer seine vielversprechende Karriere als Theologe und Kirchenmusiker nicht an den Nagel gehängt und in vorgeschrittenem Alter noch Medizin studiert, um unter unvorstellbar entsagungsvollen Bedingungen den Ärmsten der Armen im afrikanischen Busch zu helfen.

Gewiß, die hier angedeutete Wirkungs-Geschichte ist Ihnen sicherlich – und mit Recht! – kein Beweis für die göttliche Herkunft der Bibel (uns übrigens auch nicht!). Aber sie ist ein unübersehbares Zeugnis der Faszination, die dieses Buch über annähernd 2000 Jahre ausgeübt hat, und zugleich ein Zeichen dafür, daß unzählige Menschen vor uns in ihrem Fragen nach dem Sinn des Lebens seinen Anspruch erkannt, geglaubt und verfochten haben: Wort Gottes zu sein! Sollte ein solches Buch uns, die wir angesichts der vielen verwirrenden Meinungen unserer Zeit von der Sinnfrage möglicherweise noch viel mehr bedrängt sind, nichts mehr zu sagen haben?

Vom Himmel gefallen? – Das Mißverständnis der sogenannten „Verbalinspiration“

Nun werden Sie vielleicht einwenden: Verbreitung und Wirkung der Bibel – schön und gut. Wenn ich jedoch auf die letzten Jahrzehnte zurückblicke: die erstaunlichen Fortschritte in Naturwissenschaft und Technik, den raschen Verfall durch Jahrhunderte bewährter Moralvorstellungen, den Streit großer Geister um den Wahrheitsanspruch verschiedenster Weltanschauungen, nicht zuletzt das leidige Gezänk zwischen unterschiedlichen Strömungen in der Kirche und Theologie –, dann fällt es mir außerordentlich schwer, den Anspruch eines 2000 Jahre alten Buches zu akzeptieren, für mich und meine Zeit *die* gültige Wahrheit zu enthalten.

Gewiß, frühere Generationen hatten es leichter. Sie lebten in ruhigeren Zeiten oder richtiger: sie wurden aufgrund der damals noch recht beschränkten Informationsmöglichkeiten den Wandel ihrer Tage weniger gewahr. Zudem standen sie in einem Strom kirchlicher Frömmigkeit, die in der Bibel ein Buch sah, das den Propheten und Aposteln von Gott wörtlich – sogar mit „Komma“ und Lautzeichen – diktiert worden und also gleichsam direkt vom Himmel gefallen sei. Diese Anschauung – man nennt sie Verbalinspiration – ist fast so alt wie die Bibel und auch unter unseren Zeitgenossen noch verbreitet, ja selbst in manchen kirchlichen Kreisen.

Hinter der Inspirationsidee steht das Motiv, die Bibel als Gottes unverbrüchliche Wahrheit zu verbürgen, ihre Irrtumsfreiheit auch im Hinblick auf die in ihr berichteten historischen Fakten festzuhalten. So verständlich und respektabel ein solches Anliegen ist –, auf die Bibel selbst kann es sich nicht berufen. Die Bibel selbst nämlich versteht sich sehr betont als *Gotteswort im Menschenwort*. Ihre Botschaft ist zwar nicht „von dieser Welt“ (Johannes 18,36), wohl aber in die Sprache, die Vorstellungsformen und damit in den geschichtlichen Charakter dieser Welt eingebunden. Sie geschieht durch das Wort ihrer Zeugen, die fehlsame Menschen sind wie Sie und wir. Paulus sagt treffend: „Wir haben diesen *Schatz in irdenen Gefäßen*“ (1. Korinther 4,7).

Daher müssen alle, die mit diesem Wort umgehen – der Laie ebenso wie der kritische Bibelwissenschaftler –, sorgfältig prüfen, was an einer biblischen Aussage „Schatz“ und was „irdenes Gefäß“ ist. Es ist nicht Distanz oder gar Respektlosigkeit gegenüber dem Worte Gottes, was sie dazu veranlaßt, im Gegenteil: es ist dieses Wort selber, das sie zu solcher Wachsamkeit aufruft. Wer diesen von Paulus formulierten Wesenszug des göttlichen Wortes mißachtet, indem er die biblischen Aussagen wortwörtlich zur Norm erhebt, ohne ihre Zeitgebundenheit mitzubedenken, der verkehrt das Evangelium, die „*frohe* Botschaft“, in ein starres Gesetz.

„... oftmals und auf verschiedene Weise“ – Zur Entstehung der biblischen Schriften und des Kanons

Zur „irdenen“ Seite des Gotteswortes gehört auch die *Entstehungsgeschichte der Bibel.* Ihre Gestalt, die uns so vertraut ist, erweckt leicht den Eindruck, sie habe seit jeher in dieser Buchform vorgelegen. Judentum und Christentum waren jedoch ursprünglich keine „Buchreligion“. *Am Anfang erklang vielmehr das mündliche Wort.* Die Propheten, aber auch Jesus und die Apostel suchten das mündliche Gespräch mit ihren Zeitgenossen. Zur Feder griffen sie nur in besonderen Fällen: So z.B. Jeremia, als er – heute würden wir sagen – „wegen Gefährdung der öffentlichen Sicherheit“ eingesperrt war (Jeremia 36), oder als er seinen sonst nicht erreichbaren Landsleuten im babylonischen Exil einen Brief schrieb. Ähnlich stand Paulus mit den von ihm missionierten Gemeinden in Briefkontakt. Jesus hat, soweit wir wissen, keine einzige Zeile hinterlassen. Daß diese Gottesmänner und der Herr selber vorwiegend das Gespräch von Mensch zu Mensch suchten, gründet natürlich nicht in einer Antipathie gegenüber schriftlichen Arbeiten, das hängt vielmehr mit dem Wesen ihrer *Botschaft* zusammen. Diese Botschaft will nämlich das Herz des Menschen treffen und be-trifft darum alles, womit unser Herz es zu tun hat, woran es hängt. Eben deshalb muß man die Adressaten dieser Botschaft in ihrem Alltag aufsuchen und ansprechen. Daher ist die persönliche Anrede bis auf den heutigen Tag notwendig.

Trotz dieser persönlichen Form der Anrede war es notwendig, die biblischen Zeugnisse aufzuschreiben. Anders konnten sie ja nicht für die Nachwelt erhalten und ebensowenig vor Verfälschung geschützt werden.

Diese Schriftstücke entstammen nun sehr verschiedenen Zeiten. Zwischen dem vermutlich ältesten alttestamentlichen Text, dem „Deboralied“ (Richterbuch 5; 11. Jh. v. Chr.) und dem jüngsten neutestamentlichen Buch, der „Offenbarung des Johannes“ (um 130 nach Christus) liegt eine Spanne von mehr als 1200 Jahren!

Alle Schriften des Alten und Neuen Testaments waren ursprünglich selbständig, bis sie schließlich – oft erst nach Jahrhunderten – in den Kanon (die für eine Religionsgemeinschaft verbindliche

„Richtschnur") aufgenommen wurden. Der Prozeß dieser Kanonisierung war für das Alte Testament um 100 nach Christus, für das Neue Testament um das Jahr 400 unserer Zeitrechnung abgeschlossen. Einzelne Schriften blieben jedoch auch weiterhin umstritten. Eine Reihe von alttestamentlichen Büchern, die in römisch-katholischen Bibelausgaben zum Kanon gehören, stellt Luther gewissermaßen als Anhang ans Ende des Alten Testaments. Er bewertet sie als Bücher, die „der Heiligen Schrift nicht gleichgehalten und doch nützlich und gut zu lesen sind".

Bei der jetzt vorliegenden Anordnung der biblischen Schriften hat diese zeitliche Reihenfolge keine Rolle gespielt. So gehört zum Beispiel der im 6. Jahrhundert vor Christus entstandene erste Schöpfungsbericht (1. Mose, 1,1–2,4a) zu den jüngeren Partien des Alten Testaments. Ähnlich stehen die zwischen 60 und 100 nach Christus verfaßten Evangelien *vor* den Paulusbriefen, obwohl sie doch später entstanden sind.

Leitgedanke für die Zusammenstellung der Schriften ist also nicht die chronologische Reihenfolge, sondern die Erfahrung, daß Gott mit der Menschheit eine Geschichte hat: Diese Geschichte ist im „alten Bund (= Testament)" auf das erwählte Volk Israel beschränkt, im „neuen Bund" durch Jesus auf die gesamte Menschheit ausgedehnt. Das ist der Grund, warum jeweils am Anfang des Alten wie des Neuen Testaments Bücher stehen, die den zuständigen Teil dieser Geschichte erzählen: die fünf Mosebücher und die vier Evangelien.

Dabei handelt es sich natürlich nicht um eine Form von Geschichtsschreibung, wie heutige Historiker sie anstreben. Die Bibel bietet vielmehr „Geschichten", kleine und größere Erfahrungsberichte aus vielen Jahrhunderten, in denen Einzelne oder Gruppen von den „großen Taten Gottes" (Apostelgeschichte 2,11) erzählen. Die Berichte von Abrahams Berufung oder Isaaks Opferung etwa spiegeln die persönliche Gotteserfahrung ihrer Erzähler. Sie sind also die Berichte von Betroffenen und Engagierten. Insofern zeigen sie eine persönliche Beteiligung, die der moderne Historiker gerade auszuschalten wünscht, weil sie für ihn unter dem Verdacht der Subjektivität steht. Er möchte sein eigenes Beteiligtsein betont *ausschalten* und die vergangenen Ereignisse aus „uninteressierter" Distanz sehen. Ob aber diese objektiv-distanzierte Betrachtungsweise, sosehr sie in wissenschaftlicher Hinsicht berechtigt ist, nicht vieles ausblenden muß und also unter den Tisch fallen läßt, was im Stil der biblischen Aussage gerade das Wesentliche ist? Ob also jenes Zeugnis der Betroffenen nicht zugleich eine tiefere Dimension der Geschichte eröffnet? Und ob wir darum das Fremdartige des ersten Eindrucks nicht überwinden und uns dem stellen sollten, was hier gesehen worden ist? Wer freilich in der Bibel und ihren Geschichten nur ein systematisches Lehrgebäude göttlicher Dogmen sucht, die mit unserem Leben nichts zu tun haben, ist sicher auf dem Holzwege.

Die Art nun, wie man Gottes Handeln in der Geschichte erfuhr, entschied auch über die Frage, welchen Schriften „kanonischer" Rang zuzusprechen sei. Nachfolgende Generationen spürten, daß in der Gotteserfahrung der „Väter" auch sie selbst, daß darin auch ihre Gegenwartsprobleme zur Sprache kamen. Zudem trugen einige der überlieferten Bücher – so die meisten Prophetenschriften – schon in der Überschrift den Titel „Wort Gottes". Ihr kanonischer Rang wurde damit schon durch die Tradition nahegelegt. Andere Schriften, die – wie z. B. die Weisheits-Bücher des Alten Testaments – diesen Titel nicht trugen, gelangten später ebenfalls zu kanonischer Anerkennung. Denn ihr Inhalt bot so wesentliche Hilfen zur Bewältigung des Alltags, daß man auch in ihnen die „Handschrift Gottes" erblickte. – An diesem Prozeß zeigt sich, daß keineswegs jedem in die Bibel aufgenommenen Wort stets und zu allen Zeiten die gleiche Bedeutung zuerkannt wurde. Von einer pauschalen und undifferenzierten Verleihung des Titels „Wort Gottes" kann also *keine* Rede sein.

Zwei Testamente – ein und dasselbe Wort Gottes?

Wir haben den Entstehungsprozeß der Bibel mit knappen Strichen skizziert. Dieses so ins Armenkleid der Geschichte gehüllte Gotteswort bereitet vielen unserer Zeitgenossen intellektuelle Schwierigkeiten. Der eine stößt sich am Weltbild der Schöpfungsberichte (1. Mose 1; 2), ein anderer entdeckt eine Reihe historischer Unstimmigkeiten. Wir haben Sie darüber in unseren Briefen über „Schöpfung" (Nr. 4 und 5) und „historischen Jesus" (Nr. 7) schon informiert und Ihnen dabei gezeigt, daß diese Anstöße sich aus dem Charakter der Bibel als zeitgebundenes „irdenes Gefäß" erklären lassen, ohne daß der in ihm geborgene „Schatz" dadurch im geringsten angetastet wird. Nach dem Zeugnis der Bibel selbst handelt Gott ja gerade in unserer irdischen Wirklichkeit.

Doch möchten wir noch auf einen Einwand eingehen, der nicht selten erhoben wird: Wenn die Bibel Gottes Wort ist, wie kommt es dann, daß Gott im Alten Testament ganz anders redet und handelt als im Neuen? Ist nicht der Gott des Alten Testaments ein Gott der Rache und Willkür, des ;„Auge um Auge, Zahn um Zahn" (2. Mose 21, 24)? Hat er mit dem Gott der Bergpredigt überhaupt irgendetwas gemein?

Es war allerdings eine widerwärtige und verfälschende Karikatur, wenn die Nazis das Alte Testament für ihre antisemitische Propaganda ausschlachteten, indem sie es als „Judenbuch", bestehend aus „Viehhändler- und Zuhältergeschichten", verhöhnten. Auf der anderen Seite darf man den zweifellos vorhandenen qualitativen Unterschied der Testamente auch nicht leichtfertig vertuschen. Ein Christ wird zum Beispiel seinem Feinde nicht wünschen: „Gesegnet, wer deine Kinder ergreift und sie zerschellt an dem Felsen!" (Psalm 137, 9).

Das Verhältnis der beiden Testamente zueinander ist nicht nur ein Laienproblem; auch die „gelernten" Theologen haben ihre Schwierigkeiten damit. Deshalb dürfen sie die nachfolgenden Bemerkungen nur als Vorschlag zu einem Lösungsversuch werten.

Zunächst ist die Behauptung, das Alte Testament sei ein Buch der Rache, Vergeltung und Brachialgewalt, verfälschend einseitig. Denn neben Aussagen, die dieses Verständnis nahelegen könnten, stehen andere, zum Neuen Testament durchaus hinüberreichende: so z. B. das klassische Gebot der Nächstenliebe (3. Mose 19, 18), das also auch schon im *Alten* Bunde ausgesprochen wurde.

Sodann haben namentlich die Propheten für soziale Ungerechtigkeit ein empfindliches Gespür entwickelt und es in ätzender Kritik am eigenen Volk laut werden lassen. Die Israeliten – so ihre Botschaft – haben den Gotteswillen derart verfälscht, daß Gott der bisherigen Versündigungs-Geschichte ein gewaltsames Ende bereiten und einen *völligen Neuanfang*, einen neuen Bund mit endgültigem Heil für die Menschen setzen wird. So gesehen, ist das Alte Testament das Buch einer „ins Ungeheure anwachsenden Erwartung", wie Gerhard von Rad einmal treffend gesagt hat.

Diese Erwartung bildet sich immer weiter aus, und zwar im Zuge einer sich zunehmend verfeinernden und vertiefenden Gotteserkenntnis: ihr entspricht dann zugleich ein wachsendes Verständnis menschlicher Unzulänglichkeit („Schuld") sowie die Erkenntnis, daß Gott uns in ein neues mitmenschliches Verhalten einweist. Dieser Prozeß hat in Jesus Christus seinen Höhepunkt und Abschluß erreicht. Die Gottesgeschichte des Alten Testaments läuft auf das Christusgeschehen als ihre Vollendung zu.

Daraus folgt: Der Christ muß – besonders wenn er Anweisungen für die praktische Lebensbewältigung sucht – das Alte Testament im Licht des Neuen Testaments lesen. Daher ist es beispielsweise absurd, wenn südafrikanische reformierte Christen die Apartheitspolitik mit dem Argument befürworten, Gott habe „ein jedes Lebewesen nach seiner Art“ geschaffen (1. Mose 1,21.24.25) und Ochs und Esel dürfe man nicht zusammenspannen (5. Mose 22,10). Denn diese unverantwortliche Auslegung des Alten Testaments unterschlägt, daß das Neue Testament *keinerlei* Unterschiede zwischen Menschen duldet (jedenfalls nicht in dem Sinne, daß man ganze Bevölkerungsteile einer angeblich gottgewollten „Unterprivilegierung“ überantworten dürfte): „Da gibt es nicht mehr Juden und Griechen, Sklaven und Freie, Mann und Weib. Denn ihr alle seid einer in Christus Jesus“ (Galater 3,28).

Was ist Wahrheit?

Wir sind nun an einen Punkt gekommen, an dem deutlich wird, daß die Ausgangsfrage „Ist die Bibel wirklich ‚Wort Gottes‘?“ nicht auf nur rein rationaler Ebene verrechenbar ist.

Denn die biblische Wahrheit ist nicht an ein theoretisches Lehrgebäude gebunden, sondern an eine *Person: Jesus.*

Ebenso wendet sie sich, was ihre Adressaten anbelangt, an Personen in ihrer Ganzheit, also an denkende und fühlende und handelnde Wesen. Eine solche auf personale Ganzheit ausgerichtete Wahrheit ist aber gemäß ihrem eigenen Wesen und Selbstverständnis weder zu beweisen noch zu widerlegen.

Sie kann vielmehr nur „erprobt“, das heißt in die Alltagserfahrung mit hineingenommen und dort gelebt werden.

Hier wird sich dann zeigen,

- ob sie mich nötigt, meine Welt mit anderen Augen zu sehen,
- ob sie mich zu einem Leben befreit, das nicht mehr im Vordergründigen aufgeht,
- ob sie mir Distanz zu dem schenkt, was in Form von allerhand Zwängen meinen täglichen Lebens- und Arbeitsrhythmus bestimmt: „Künftig sollen die, welche Frauen haben, so leben, als hätten sie keine, die Weinenden so, als weinten sie nicht, die sich freuen, so, als freuten sie sich nicht, die etwas erwerben, so, als behielten sie es nicht zu eigen, die sich der Welt bedienen, so, als nutzten sie sie nicht aus.“ (1. Korinther 7,29–31).

„Haben, als hätte man nicht!“ – in diesen programmatischen Worten des Paulus zeigt sich die bleibende Bedeutung der Bibel als Wort

Gottes: Ohne dieses Wort laufen wir Gefahr, uns im Raum des Dinghaft-Verfügbaren (z.B. im Leistungsstress, im Geldverdienen) zu verlieren. Denn die uns tragende Wirklichkeit liegt nun außerhalb dieses Raumes.

Ist nicht das Wort „Macht euch die Erde untertan!" (1. Mose, 1,28) nach wie vor des Nach-Denkens wert? Haben wir nicht angesichts der Folgeerscheinungen von Naturwissenschaft und Technik (z.B. Überproduktion, Konsumzwang, Umweltverschmutzung) manchmal den Eindruck, daß uns in diesem Bereich die Kontrolle aus der Hand gleitet, wir also drauf und dran sind, „der Erde untertan" zu werden?

Dies letzte Beispiel weist auf einen weiteren wichtigen Punkt: Im Wandel der Geschichte hat nicht jede Zeit die gleichen Probleme: *Deshalb sind auch nicht zu jeder Zeit dieselben Bibelworte gleichermaßen bedeutsam.* Vielmehr trägt nur immer ein Teil des Kanons „zu seiner Zeit" Früchte. Dabei muß man gelegentlich in Kauf nehmen, daß uns das eine oder andere Bibelwort wegen seiner Zeitgebundenheit entgleitet, so wichtig es für andere Epochen gewesen ist. Läßt sich z.B. ein Wort wie „Das Weib schweige in der Gemeinde" (1. Korinther 14,34; vgl. 1. Timotheus 2,12) wirklich guten Gewissens als Argument gegen die Ausübung des Pastorenberufs durch Frauen ins Feld führen? (vgl. schon Galater 3,28.) Paulus selbst leitet uns hier zu feinen Unterscheidungen an, wenn er etwa differenziert zwischen dem, was „der Herr" sagt, und dem, was „ich" sage (1. Korintherbrief 7,10 und 12). Genauso müssen wir unterscheiden zwischen dem, was für eine bestimmte Situation gilt, und dem, was immer und überall gilt.

Als *kritischer Maßstab für den Umgang mit einzelnen „Buchstaben"* dient der „Geist" der Schrift (2. Korinther 3,6). Er wird erkannt durch „evangelische", d.h. auf die sachliche Mitte der Bibel bezogene Auslegung. So ist z.B. für den Bereich praktischen Handelns dieser Maßstab das *Gebot der Nächstenliebe* (3. Mose 19,18 = Matthäus 19,19). Im Licht dieses Kriteriums sind nicht nur Bibelworte zu beurteilen. Auch gesellschaftliche, moralische und sonstige Anschauungen und Strukturen, ja auch die Praxis der Kirchen und ihre Verlautbarungen sollten in diesem Sinne gemessen werden, ob sie sich zur Lieblosigkeit verfestigt haben oder ob sie Liebe ermöglichen.

Hinweise zur Vertiefung

Wir möchten Ihnen zur weiteren Bibellektüre sowie zur Diskussion dieses Briefes empfehlen, sich einem aufgeschlossenen Bibelkreis einer Kirchengemeinde anzuschließen. Wenn Sie nicht gleich beim ersten Anlauf eine Gruppe finden, in der auch Ihre Bedenken zur Sprache kommen, lassen Sie sich nicht entmutigen, sondern wechseln Sie zu einem anderen Kreis über. Vielleicht suchen Sie sich auch selbst ein paar interessierte Gefährten.

Literatur zum Thema

Klaus Koch, Das Buch der Bücher. – Die Entstehung der Bibel, Springer-Verlag 1963. Dieses Buch schildert in ebenso wissenschaftlicher wie allgemeinverständlicher Form Entstehung, Inhalt und Theologie der biblischen Schriften.

Claus Westermann, Umstrittene Bibel. Westermanns Buch behandelt anschaulich die Schwierigkeiten, die der Umgang mit Sprache und Anschauungswelt der Bibel dem heutigen Leser bereitet, sowie verschiedene strittige Auslegungsverfahren. Kreuz-Verlag 1964.

Vom gleichen Verfasser: Kurze Bibelkunde des Alten Testaments in der Reihe „Biblisches Seminar". Calwer-Verlag 1974.

Wie es weitergehen soll

Im nächsten Brief werden wir die Frage behandeln, wie wir auf Grund der Bibel zu einer persönlichen Verbindung mit Gott kommen können. Dieser Brief wendet sich dem Thema zu: *Das Gebet – der Kontakt mit Gott.*

Mit herzlichem Gruß
Ihre Projektgruppe Glaubensinformation

Brief 13:

Das Gebet – der Kontakt mit Gott

Liebe Kursteilnehmer!
Sicher haben viele von Ihnen in irgendeiner Situation schon einmal „gebetet". Dieses Reden mit Gott, der Kontakt zu ihm, mit allen Zweifeln und Chancen soll uns in diesem Brief beschäftigen.

Die heutige Krise des Gebetes

In Martin Walsers Roman „Halbzeit" kann man eine Beobachtung lesen, die aufhorchen läßt und nachdenklich macht:

„Mit Lissa in der Kirche. Konnte nicht beten. Die feierliche Amtssprache der Kirche klang fremd. Kunstgewerbevokabular. Glauben die Frommen, Gott höre sie nur, wenn sie beten, er habe keine Ahnung von den Worten, die sie sonst denken und sagen?... Mein Leben ist in der Gebetssprache nicht mehr unterzubringen. Ich kann mich nicht mehr so verrenken. Ich habe Gott mit diesen Formeln geerbt, aber jetzt verliere ich ihn durch diese Formeln. Man macht einen magischen Geheimrat aus ihm, dessen verschrobenen Sprachgebrauch man annimmt, weil Gott ja von gestern ist."

Das sind harte, ernüchternde Worte. Sie klingen nicht fremd in unseren Ohren, weil sie an eigene Erfahrungen rühren. Sie machen uns mit aller Deutlichkeit bewußt, daß der Glaube seine Kraft verliert, wenn er sich nicht mehr im täglich-alltäglichen Gebet ausdrükken kann. Ohne das Gebet – ohne das Sprechen mit Gott – kann der Glaubende den Glauben verlieren. Der Glaube verflüchtigt sich im luftleeren Raum der Wünsche, der Selbstdarstellungen. Oder aber er löst sich andererseits auf in der reinen Mitmenschlichkeit und wird zu einem platten sozialen Aktivismus, der auch ohne christliche Glaubenssubstanz denkbar ist.

Und dennoch: wie eine Umfrage vor einigen Jahren ergab, beten hierzulande immerhin 86% der Deutschen, während nur 68% an Gott glauben. Muß man daraus nicht schließen, daß mehr Menschen beten, als sie sich des Glaubens an Gott sicher sind? Eins scheint sicher zu sein: die angeblich „religionslose Welt" ist in Wirklichkeit religiös vielfältig bewegt. Doch dies alles widerspricht nicht dem vorher Beschriebenen. Zu wem und warum beten sie? Zu wem und warum beten wir? Gehören wir zu denen, die erst in aussichtslosen Notsituationen den Weg zum Gebet finden? „Not lehrt beten", sagt ein altes Sprichwort. Und vielleicht haben wir die Erfahrung selbst schon gemacht: daß hoffnungslose Situationen und übermäßige Belastungen uns direkter und stärker zum Gebet hingeführt haben als die normale Alltagswirklichkeit.

Doch das Sprichwort stimmt nur halb. Gewiß, die Not könnte den Ruf nach dem „Vater" in uns entbinden, so wie manches Kind in seiner plötzlichen Bedrängnis nach seiner Mutter ruft. Doch löst sie nicht unbedingt das „Gebet" aus: Die Not kann nämlich auch *Fluchen* lehren. Die Verbitterung läßt dann den Ruf nach Hilfe gar nicht erst aufkommen. Mir selbst ist das „5 vor 12 beten" nicht unbekannt. Je öfter, desto häufiger habe ich mich jedoch immer wieder fragen müssen, ob das wirkliches Beten ist. Ein Jugendlicher erzählte mir: „Ich habe gebetet vor schweren Klassenarbeiten und Prüfungen, und manchmal ging es auch gut. Doch ‚5 nach 12', wenn das Eigentliche überstanden war, hatte ich auch das Gebet hinter mir gelassen. Ich brauchte Gott nicht mehr." Gott hatte seine Schuldigkeit getan. Sollte Gott wirklich nicht mehr als ein Mittel zur Notlösung sein – Gott als Not-Lösung?

In Wahrheit hatte der Jugendliche nur „gegen die Not" gebetet, nicht aber „zu Gott". Er hatte die religiöse Notbremse gezogen und wollte Gott nur als Bremsbelag. Beten als magische Beschwörung, Gott als bloße Not-lösung und als Zaubergott, den man in bestimmten Fällen anruft und gnädig stimmt? Ist solches „5 vor 12 Beten" nicht wie das Betätigen eines Hebels, der in letzter Minute die Schleudersitz-Automatik, die einen aus der Notsituation herauskatapultiert, in Gang setzen soll?

Dieser Gefahr sehe ich mich jedenfalls immer wieder überantwortet. Denn Beten aus der Not droht ständig zu einer Ersatzhandlung zu werden. Es liegt sehr nahe, Gott – den in der Bibel doch so menschlich und persönlich beschriebenen Gott – zu einer Marionette meiner Wünsche zu degradieren.

Andererseits kann ich nicht leugnen, im Beten aus der Not auch die weitreichende und ernsthafte Bitte eines jeden Menschen zu sehen, der – im Eingeständnis seiner Schwachheit – sich auf die Hilfe „von außen“ angewiesen weiß. Not kann den Anstoß zum Gebet geben und uns in unsere Beziehung zu Gott zurückrufen.

Das zeigt sich besonders, wenn man durch ein unvorhergesehenes schreckliches Ereignis, z.B. einen Autounfall, gezwungen wird, ein sinnloses Geschehen auszuhalten. Das rufende Bitten, das sich nicht abfinden wollende Klagen und die ständig wiederkehrende Frage, warum denn Gott das zulassen konnte, wenn es einen Gott gibt: Man kann schon den Hut ziehen vor dem Rufen all derer, die so fragen. Ist ihr Klagen, ihr Sichaufbäumen nicht immer wieder noch eine Gestalt des Glaubens, der nicht sterben will an einem sinnlos erscheinenden Ereignis? Ist es nicht immer wieder noch eine suchende Hand, die sich im Mantel eines verborgenen Gottes festkrallen will? Nur daß die Frage bald lahm zu werden droht, wenn sich das Erhoffte und Erwünschte nicht einstellt.

In solchem Klagen und Rufen kann auch eine wunderliche Wandlung liegen, eine Wandlung, die aus der Not und Sinnlosigkeit eine Kraft werden läßt.

Beten heißt: sein Leben be-antworten lassen

Ich kann nicht über das Gebet sprechen, ohne ein Beter zu sein. Und ich kann nicht beten, ohne darin mein Leben zur Sprache zu bringen; das tägliche Auf und Ab meiner Gedanken und Wünsche, Pläne und Utopien, Erfolge und Vergeblichkeiten, Fragen und Zweifel, meiner Erfahrungen des Beglücktseins und des Entsetzens.

Das Beten ist für mich eine zu ernste Sache, als daß ich hier unehrlich würde und nicht mit allem, was ich bin, daran beteiligt wäre:

- ich danke für berufliches Gelingen, und ich spreche auch meinen Ärger über Mißerfolge und Pleiten aus, mit denen ich mich nicht zufriedengeben will;
- ich will mehr Geld haben, vielleicht auch mal im Lotto gewinnen, damit mich materielle Sorgen nicht belasten;
- ich möchte, daß meinen Kindern ihr Leben gelingt;
- mich bedrängt das Schicksal von geistig und körperlich Behinderten;
- auch die Verhungernden in der Dritten Welt lasten auf mir; mehr noch vielleicht die Gleichgültigkeit unserer satten Zivilisationswelt;

- ich kann und will es nicht ertragen, mit dem Nachbarn immer wieder in Streit zu geraten wegen belangloser Kleinigkeiten;
- manchmal bete ich auch: „Ich glaube, hilf meinem Unglauben".

Bei alledem nehme ich meine Gedanken und Gefühle sehr ernst und wichtig, zuweilen sogar – so denke ich manchmal – zu wichtig. Vielleicht bin ich sogar respektlos. Aber ich kann es nicht lassen, mit Dingen vor Gott zu treten, die mir wichtig und teuer erscheinen, auch wenn es nur die Bitte um schönes Wetter oder den Sieg beim Preiskegeln ist.

Ist es nicht besser und sozusagen gottwohlgefälliger, wenn ich statt all der besserwisserischen Vorschläge, die ich Gott zumute, ganz einfach sage: „Dein Wille geschehe"?

Es gibt ja durchaus fromme Menschen, die von vornherein sagen „Dein Wille geschehe!". Sie nehmen alle Dinge als etwas unabänderlich Gegebenes hin, und eben das ist ihr Fehler. Sie machen Gott zum „Schicksal". Sie nehmen es nämlich nicht ernst, daß Gott uns ein Mitspracherecht eingeräumt hat. Von diesen Frommen geht immer etwas Ungläubiges und Lähmendes aus. In ihrer Passivität sagen sie eines Tages nicht mehr „Dein Wille geschehe!", sondern nur noch: „Es kommt doch alles, wie es kommen muß!"

Nein, das „Dein Wille geschehe!" will ich nicht zu schnell sagen. Sonst könnte ich ja meine Bitten und mein Wollen gar nicht mehr ernst meinen. Und ich nähme auch die Rolle nicht mehr an, die Gott mir zugedacht hat: die des Kindes, das mit seinem Vater unbefangen redet. Aber im Letzten will ich Gott meine Demut und meinen Dank nicht versagen, auch dann nicht, wenn meine Hände leer geblieben sind. Ich möchte das kurz an einem Beispiel erläutern. Vor einiger Zeit sah ich, wie vor Beginn eines Fußball-Länderspiels der Mannschaftskapitän der einen Mannschaft ein kurzes Gebet sprach und sich bekreuzigte. Natürlich betete er um den Sieg der eigenen Mannschaft und sicherlich auch um das notwendige Quentchen Glück. Seine Mannschaft war taktisch gut eingestellt und spielte brillant – verlor aber dennoch. Die Sieger jubelten, die Verlierer gingen mit gesenktem Blick vom Platz. Die ganze Niedergeschlagenheit und Enttäuschung sprach nun aus dem Gesicht des einen Mannschaftsführers. Plötzlich blieb er stehen, und es geschah das für mich Überraschende: er sprach wieder ein kurzes Gebet und bekreuzigte sich. Das war die Geste eines Demütigen, der sich nach verbissenem Kampf nicht resignierend in seiner Niedergeschlagenheit einigelte, sondern der sich von dieser – freilich harten! – Wirklichkeit bezwingen ließ: „Dein Wille geschehe!"

Dieser Spieler hatte eben nicht nur nach den Pfennigen – also nach den Siegen – in Gottes Hand gegriffen, sondern er nahm die ganze Hand. Oder, um es anders zu sagen: Er hatte zu Gott, nicht aber zum Sieg gebetet. Wem es nur um die Pfennige geht – hier um das Gewinnen im Fußballspiel –, dem wird die Hand Gottes gleichgültig, nachdem er seinen Tribut empfangen hat. Dem war die Hand nur Mittel zum Zweck, damit sie ihm sein Trinkgeld gab. Danach stößt er sie lächelnd zurück. Sie ist ihm nun zu nichts mehr nutze, sie hat ihre Schuldigkeit getan, und vielleicht kann er später wieder einmal darauf zurückkommen.

Daß Gott sich selbst und nicht nur seine „Pfennige" zur Verfügung stellt, ist ein Grundzug, der die ganze Bibel durchzieht und der auch durch alle unsere Briefe hindurch deutlich werden soll. Es ist das überwältigende Bekenntnis Gottes zum Menschen, das jeden in die Grundsituation des Betens hineinversetzt: Wer dieses Bekenntnis Gottes zu sich gehört und erfahren hat, kann ja seinerseits nicht anders, als zu reagieren, als zu antworten – als eben zu beten.

Jesus, der ja immer in diesem Kontakt mit seinem Vater lebt, sagt es noch deutlicher (Matthäus 6, Verse 7+8): Sucht Gott nicht durch besondere Formeln und übertrieben lange Gebete herbeizuzwingen! Ihr braucht ihn nicht durch eine fromm-verkrampfte Haltung auf euch aufmerksam zu machen. Macht Gott doch nicht zu einem vergeßlichen, wirklichkeitsfremden Trottel in eurem Gebet! Er ist längst allseits und umfassend im Bilde.

Es geht also nicht um die Form und die Dauer des Gebetes, sondern darum, *wie* man Gott gegenübertritt: Die *Bitte* ist das Kennzeichen des Gebetes! Als Bittender lasse ich Gott den „Vater" bleiben und verharre als ein Mensch, der Vertrauen zu Gott hat, der ihn immer neu erfährt und vor dem auch ich mich selbst immer wieder neu erfahre.

Ich sagte, daß Gott längst und umfassend im Bilde über mich ist. Er kennt also unsere Gedanken. Verwundert vielleicht und widerstrebend könnten Sie mir entgegenhalten: Wozu dann *überhaupt* noch beten? Wenn Gott schon informiert ist, dann ist Beten doch gar nicht mehr nötig – oder? Wie kann ich dann seine Allwissenheit noch vergrößern wollen, indem ich ihn speziell noch über mich „belehre"? Das ist doch absurd! Doch gerade, wenn man etwas zunächst ganz sinnlos Scheinendes ernst nimmt und darüber nachdenkt, macht man oft die wichtigsten Entdeckungen. Auch in diesem Fall stoßen wir auf etwas ganz Entscheidendes: Es gibt ja keine Gemeinschaft, die ganz ohne Worte wäre. Manch alte Ehepaare, die sich nur noch anschweigen, weil sie sich nichts mehr zu sagen haben, sind auch ihrer Gemeinschaft verlustig gegangen. Sie leben beziehungslos nebeneinander her. Wenn es Gemeinschaft mit Gott gibt, dann muß es auch das Gespräch mit ihm geben. Es gibt aber kein wirkliches Gespräch, wenn das nicht darin vorkommen darf, was mir wichtig ist. Darum will Gott, daß ich ihn bitte und ihm das sage, was mir wichtig ist. Und selbst wenn er über meine Wichtigkeiten anders denkt und meine Bitten so nicht erfüllen kann, dann ist es doch für ihn – und noch viel mehr für mich selber! – unendlich wichtig, daß ich mit ihm darüber rede und sein Angebot mit Vertrauen erwidere.

Die Bitte für andere

Im Gebet stehe ich zwar einsam und allein vor Gott, aber Gott steht nicht nur vor mir. Er bekennt sich gleichsam zu allen Menschen: „Gott schuf den Menschen nach seinem Bilde; nach Gottes Bild schuf er ihn“ (Erstes Buch Mose, Kapitel 1, Vers 27). Sein Liebeswille gilt allen Menschen, besonders den Schwachen und den der Hilfe Bedürftigen (weil wir sie so gern übersehen).

An diesem Punkt ruft Gott meinem eingewurzelten Individualismus ein Halt zu, der immer nur einlinig die Beziehung Mensch–Gott sieht: Gott und meine Sache, Gott und meine Existenz. Jesus erzählt uns deshalb das Gleichnis vom reichen Mann und armen Lazarus (Lukas 16, Vers 19–31), weil der Mensch vor der Tür, vor der Schwelle meines Lebenshauses dazugehört. Ohne ihn will Gott auch mich nicht haben. Wenn ich mit ihm nicht spreche, läßt Gott sich auch nicht von mir sprechen.

So ist die „Fürbitte“ ein echter Prüfstein dafür, ob ich im Nächsten meinen Bruder sehen kann. Das merke ich, wenn ich für die Menschen bete, mit denen ich mich gerade überworfen habe, die ich nicht mag, die ich sogar hassen kann, aus welchem Grund auch immer: „Wenn jemand spricht: ‚Ich liebe Gott‘ und er haßt seinen Bruder, der ist ein Lügner“. (1. Johannesbrief 4, Vers 20). Gottes Liebe: sie ist es, die durch mich weitergegeben sein will wie ein Stafettenstab. Wie oft muß ich mir diese Liebe, diesen Gott erbitten!

Nur ein nutzloses Selbstgespräch?

Einer selbstkritischen Frage dürfen wir freilich nicht ausweichen: Was nützt es? Wir haben gelernt, bewußt zu leben und nach dem

Nutzen unseres Handelns und Denkens zu fragen. Unsere Fragen drücken zugleich Zweifel an einer Sache aus, bei der man nicht weiß, was dabei „dran“ ist und herauskommt. In vier Schritten wollen wir uns in diesen Zweifel hineinversetzen und ihn durchdenken:

Erster Schritt: Es wäre falsch, sich durch die eigenen Fragen und Zweifel mit Minderwertigkeitsgefühlen anstecken zu lassen, so, als ob man bislang noch „draußen vor“ stände, noch kein Christ „im Vollsinn“ wäre. Wer betet, der fragt auch notwendig, und wer fragt, zweifelt. Wer sich der Sache seines Lebens sehr sicher ist, kann sich schnell *zu* sicher sein. (Das wäre dann schlimmer als Skepsis!)

Zweiter Schritt: Das Geheimnis des Gebetes läßt sich nicht von außen sehen. Es gibt Dinge im Leben, die man vollziehen muß, um sie zu verstehen. Ich denke beispielsweise an die Liebe. Ich kann viel über die Liebe sagen, Kluges und weniger Kluges. Doch ich kann nichts Abschließendes, nichts Endgültiges sagen, weil sie sich mir immer auch wieder auf eine neue, bisher nicht gekannte Weise erschließt. Ich komme nicht zu einem Ende (anders wäre es schlimm!): Die Liebe ist immer ein Geheimnis.

So ist auch das Gebet nicht analysierbar wie ein chemischer Vorgang, bei dem man selbst unbeteiligt davor steht, im weißen Kittel. Wer betet, steht selbst im Experiment. Und: Wer betet, bleibt im notwendigen Training des Glaubens.

Dritter Schritt. Es wird niemals Vertrauen zwischen uns Menschen entstehen, wenn einer den anderen in bestimmte Bilder preßt und ihn nach seinen Vorstellungen formt. Wir könnten einander nicht mehr zuhören, nicht mehr folgen, nicht mehr entdecken, wir trauten einander nichts mehr zu. Genauso menschlich geht es auch im Kontakt mit Gott zu. Die Frage: Antwortet Gott? darf also unter der Hand nicht einen ganzen Katalog von Bedingungen enthalten. Du sollst dir kein Bildnis machen!

Wie die Liebe einer Ehe, so lebt auch die Gemeinschaft mit Gott nicht von vorgefaßten Vorstellungen und Idealen, sondern von dem Neuen, nicht Vorhergewußten, Andersartigen. Könnte so nicht auch das Beten gerade von der Offenheit für die Fremdheit, für das Besondere Gottes leben? Auf Überraschungen – mag man sie beglückend oder enttäuschend nennen – muß man gefaßt sein.

Wer betet, setzt sich vielleicht weniger mit Gott auseinander, als zunächst einmal mit sich selbst: nämlich mit seinen fertigen menschlichen Wünschen und Vorstellungen von Gott, und er versucht, sich davon frei zu machen – von sich frei zu machen. Mehr noch: Wer recht betet, muß darauf gefaßt sein, daß seine Wunschvorstellungen verändert werden. Deshalb ist beten immer zugleich eine Ernüchterung: es verhilft zur Realität des Daseins. Beten rechnet mit Revisionen meines Lebens und meiner Überzeugung; deshalb fragt es immer wieder *neu* nach der Antwort Gottes.

Vierter Schritt: In seinen gebetsähnlichen „Briefen an Ihn" schreibt Philipp Alder: „Sehr geehrter Herr, Sie schweigen. Ich schreie. Nichts bringt Sie aus Ihrer Ruhe. Aber mich: Sie!" Das ist der enttäuschte Beter, der aufgebracht ist über das Schweigen Gottes und der vergeblich auf die Antwort zu warten scheint.

Aber wohlgemerkt: Er ist aufgebracht, zornig über Gottes Fernbleiben. Ihm läge es gänzlich fern, sich nun in den Sessel zurückzulehnen und besserwisserisch zu verkünden: Das habe ich ja schon immer gesagt, euren Gott gibt es nicht (siehe zweiter Schritt). Nein, der Enttäuschte ist aufgebracht, Verzweiflung droht.

Jesus hat sogar diesen tiefsten Zweifel durchgemacht und *noch* einmal vertieft. Wir haben seine Worte in unseren Briefen schon mehrfach zitiert: „Mein Gott, mein Gott, warum hast du mich verlassen?" Und er vertraut trotzdem, selbst in der eigenen Katastrophe: „Vater, in deine Hände befehle ich meinen Geist."

Wer betet, wird immer auch gegen den Zweifel beten müssen: „Herr, ich glaube, hilf meinem Unglauben." Aber er bleibt dabei nicht allein – ebenso wie Gott Jesus nicht am Kreuz allein gelassen hat. Im Gebet vertraue ich darauf, daß meine Sache auf einen guten Punkt kommt, so zerrissen und zerstritten sie auch steht. Darin sehe ich die Auferstehung meines Lebens.

Wer betet, denkt weiter

Sie werden es gemerkt haben: Beim Thema „Gebet" kommt eigentlich alles noch einmal wieder vor, was in unseren Briefen bislang verhandelt wurde. Es ruft alles noch einmal in Erinnerung. Das gehört zum Charakter des Betens. Diese erinnernde, ja ermahnende Kraft des Gebetes bringt es mit sich, daß ich es brauche wie das tägliche Brot. Das Beten stellt den nötigen „be-denkenden" Abstand her. Den brauche ich.

Wie oft verliere ich diesen Abstand: Ich gebe mich ganz der Arbeit hin, ich identifiziere mich mit meinem Hobby, ich schwöre mich dermaßen ein auf eine politische Partei, daß ich mit ihrem Erfolg das Wohl der Menschheit gleichsetze, ich verrenne mich so sehr ins Streiten, daß ich nur noch mit blindem Haß zurückschlage, ich mache mich von dem Menschen, den ich liebe, innerlich so abhängig, daß ich die Liebe zu ihm mit dem Sinn des Lebens schlechthin gleichsetze ...

So verliere ich den Abstand, aus dem heraus ich allein unterscheiden kann, was *wirklich* groß und klein, was *wirklich* wichtig und unwichtig ist. Das Gebet ist ein Traning in diesem Abstandnehmen. Es bildet die Fähigkeit der Unterscheidung aus.

Wenn man das Leben mit einem großen sich drehenden Rad vergleicht, dann geht es genau um die Frage: Um welche Achse dreht sich dieses Rad eigentlich? Alles dreht sich um die Achse. Außer der Achse ist alles mehr oder weniger am Rande. Die Achse ist das Wichtigste am Rad. Wenn sie bricht, ist das ganze Rad hin. Die Achse ist sozusagen der Lebensnerv des ganzen Rades. Und: ein Rad hat immer nur *eine* Achse.

Wenn das Vertrauen zu Gottes Liebe und Fürsorge die Mitte, die Achse, der Angelpunkt meines Lebens ist, dann muß sich alles andere – wie wichtig es sonst sein mag – da herum gruppieren. Damit ist alles andere – weinen, lachen, heiraten, Besitz haben, Erfolg haben, scheitern, Lebenskummer haben – nicht abgewertet, sondern es wird an den Platz verwiesen, der ihm im Ganzen zukommt. Alles muß sich um die Achse drehen. Wenn die Mitte darin besteht, daß ich mich auf Gott verlasse, dann kann ich jenen heilsamen Abstand einhalten zu dem, was nicht Mitte ist. Dann kann ich das Leben bestehen. Das Gebet kann mich in jeder Situation auf diesen Vergleich stoßen. Der Dialog mit Gott kann mich meine Vermessenheit erkennen lassen, kann die Dummheit aufdecken, die mich stets aufs neue in blinden Streit geraten läßt. Beten kann mir den Stellenwert der Nebensächlichkeiten deutlich machen, von denen ich im Augenblick völlig fasziniert bin, kann mir wieder das richtige Augenmaß für groß und klein schenken. „Wenn ich nur dich habe, so frage ich nichts nach Himmel und Erde“, so beten die Psalmen. Sicher nicht, weil hier notorische Kostverächter ihre Weltfremdheit religiös überhöhen. Diese Beter waren hungrig, angefochten, schuldig wie wir. Aber sie hatten einen festen Punkt, von dem aus sie bereit waren, sich auf „Himmel und Erde“ einzulassen, betend und handelnd „Himmel und Erde“ herauszufordern.

Hinweise zur Vertiefung

Gebete: „Gott schenke mir Gelassenheit, Dinge hinzunehmen, die ich nicht ändern kann, den Mut, Dinge zu ändern, die in meiner

Macht stehen, und die Klugheit, beides voneinander zu unterscheiden“ (C. F. Oetinger, 1702–1782).

„Herr, hörst du mich?

Ich leide entsetzlich. Verriegelt in mir selbst, Gefangener meiner selbst, höre ich nichts als meine eigene Stimme. Sehe ich nichts als mich selbst. Ich weiß, daß es Freude gibt. Ich habe Gesichter gesehen, auf denen sie sang. Aber Herr, ich kann nicht fortgehen, ich liebe und hasse mein Gefängnis zu gleicher Zeit, denn mein Gefängnis bin ich. Herr, hörst du mich? Herr, zeige mir meine Tür, nimm meine Hand, tu auf, zeige mir den Weg, den Weg der Freude und des Lichts“ (aus: Michel Quoist, Herr da bin ich).

Lesen Sie Jesu Anleitung zum Beten im Matthäus-Evangelium, Kapitel 6, Vers 5–15.

Literatur zum Thema

Marielene Leist, Erste Erfahrungen mit Gott. Die religiöse Erziehung des Klein- und Vorschulkindes. Herder-Taschenbuch 409.

Marielene Leist, Gebetbuch für Kinder und ihre Eltern, Verlag Herder, Freiburg.

Weil wir oft nach einem Buch für die Unterweisung von Kindern gefragt werden, empfehlen wir hier

Jörg Zink, Hat der Hund im Himmel Flügel? Kreuz-Verlag, Stuttgart.

Michel Quoist, Herr, da bin ich. Gebete. Verlag Styria, Graz.

Jörg Zink, Wie wir beten können. Kreuz-Verlag, Stuttgart.

Wie es weitergehen soll

Im nächsten Brief geht es darum, wie wir trotz Versagen und Fehlverhalten weiterleben können: Vergebung – Das Leben kann noch einmal beginnen.

Mit herzlichem Gruß
Ihre Projektgruppe Glaubensinformation

Brief 14:

Vergebung – das Leben kann noch einmal beginnen

Liebe Kursteilnehmer!
Vorurteile, Streit, eigenes Fehlverhalten verbauen uns den Weg zu einem menschlicheren Zusammenleben. Oft haben wir den Eindruck, unser Leben sei festgefahren, unsere Vergangenheit präge uns. Kann unser Leben noch einmal beginnen? Wie könnten die klemmenden Hindernisse beseitigt werden?

Schuld – technisch oder menschlich gesehen

Es gibt verschiedene Möglichkeiten, auf Streit zu reagieren. Zwei kurze Texte sollen dies verdeutlichen:

„Nichts gegen Musik, Tierchen oder Feste. Aber, wenn sie tags die Ruhe und nachts den Schlaf rauben – wer will da friedlich bleiben? Geben Sie nicht nach! Wer in einer Rechtsschutzversicherung ist, der kann sich wehren. Denn die Rechtsschutzversicherung übernimmt die Kosten.“

Eine Anzeige

Dagegen sagt Jesus: „Liebet eure Feinde; segnet die, welche euch fluchen; tut Gutes denen, die euch hassen; bittet für die, welche euch beleidigen,“ (Matthäus-Evangelium, Kapitel 5, Vers 44).

Wie schön wäre es, wenn unsere Streitigkeiten auf dem Weg über ein Gericht entschieden und auch die damit zusammenhängenden Spannungen gelöst werden könnten. Sicher – vor Gericht wird man feststellen können, wer im Sinne des Gesetzes die Schuld an dem Streit hat. Ebenso wird oft diese juristische Ursache behoben werden können, so daß der Streit dann „erledigt“ ist, wenigstens äußerlich, sozusagen auf der technischen Ebene. Doch – ist damit auch die Spannung zwischen den Streitenden selbst überwunden? Man sollte die Frage einmal so stellen: Wie hat sich der rechtliche Schiedsspruch auf die beteiligten *Personen*, also nicht nur auf den fraglichen *Fall* ausgewirkt? Gewiß ist hier etwas entschieden worden – gut! Aber wurden die beteiligten Menschen nicht vielleicht ge-schieden? Wahrscheinlich wird es nach einem Gerichtsverfahren so aussehen: Die Streitsache ist erledigt, der Streit selbst geht weiter.

Warum kann ein Streit weiterschwelen, obwohl seine juristische Ursache geklärt und geregelt ist? Auch das wird an der zitierten Reklameanzeige einer Rechtsschutzversicherung deutlich: Sie zielt auf die störende Musik, bellende Hunde, krächzende Papageien und lärmende Feste, die müden Nachbarn den Schlaf rauben – als ob diese Geräusche schon von sich aus eine Beschwernis wären und dahinter nicht etwas ganz anderes stände: Hinter der Musik stehen nämlich *Musiker*, zu den Tieren gehören *Tierfreunde* und an den Festen sind eben entscheidend feiernde *Nachbarn* beteiligt. Stört uns also die Musik, so stört uns doch meist der Musiker: Wir streiten uns doch mit dem Musiker und nicht mit der Trompete!

Wer also auf das Angebot der Reklame eingeht, diese Versicherungsfirma könne einen Streitfall lösen, kann sich höchstens Eines *davon versprechen: daß die äußere Ursache des Streites beseitigt wird. Wenn in diesem Zusammenhang also von Schuld gesprochen wird, dann meint das Wort „Schuld" hier nur dieses Äußere, diese sozusagen technische Seite des Falles: eben die meßbare Ursache des Streites.*

Der Streit selbst aber kann ohne Ursache weiterschwelen, weil inzwischen die Gemeinschaft, der menschliche Kontakt zwischen den Streitenden gestört ist. Wenn also in diesem *Zusammenhang von Schuld gesprochen wird, dann meint Schuld etwas Menschliches: Ein gemeinschaftszerstörendes Fehlverhalten von Menschen.*

In beiden Fällen handelt es sich also um eine ganz andere Ebene unseres Lebens. Niemand kann ernsthaft daran zweifeln, daß diese Unterscheidung von größter Wichtigkeit ist. Und niemand wird auch leugnen können, daß er entsprechende Erfahrungen schon in seinem eigenen Leben gemacht hat. Wenn wir in diesem Brief von Schuld sprechen, dann meinen wir die Fehlentwicklungen auf der *menschlichen* Ebene. Die oben angeführte Stelle aus dem Matthäusevangelium hat denn auch die Menschen und damit das Problem des menschlichen Zusammenlebens im Auge.

Übrigens kann man das Gleiche schon in der Sündenfallgeschichte beobachten (jedenfalls wenn man genauer hinsieht!): Hier lautet die Frage Gottes nämlich: „Adam, Mensch, wo bist du?" und sie lautet gerade nicht: „Adam, wo ist der Apfel?" Gott fragt nicht nach den Dingen, sondern nach den Menschen. Man könnte auch sagen: Gott fragt nach dem Zustand des menschlichen Herzens. In dem Gebot „Du sollst nicht stehlen!" ist das eigentlich Schlimme nicht der verschwundene Geldbetrag oder die geklaute Uhr, sondern die Einstellung des räuberischen oder diebischen Menschen, der einem andern etwas nicht gönnt, der ihn beneidet und egoistisch genug ist, sich auf Kosten seines Nächsten zu bereichern. Hier also, im menschlichen Herzen, sitzt die eigentliche Quelle der Störung, auch im Bereich der Dinge.

Hier passieren auch die eigentlichen und oft nicht wieder gutzumachenden Schäden: Ein Geldbetrag läßt sich schließlich ersetzen, und für die gestohlene Uhr kommt vielleicht die Versicherung auf. Was aber an menschlichem Vertrauen und menschlicher Gemeinschaft zerstört wurde, läßt sich nicht durch einige Handgriffe oder einen Federstrich wieder gutmachen.

Gott will jedenfalls die Gemeinschaft der Menschen untereinander und bietet uns an, in Verbindung mit ihm die Gemeinschaft unter den Menschen zu bauen und zu erhalten.

Wo aber das Zusammenleben unter den Menschen gestört wird, da ist auch immer zugleich die Gemeinschaft mit Gott selbst unterbrochen.

Die untaugliche Schuldbewältigung

Sind wir aber einmal schuldig in diesem Sinne geworden und müßten wir uns eigentlich an die eigene Brust schlagen, dann merken wir bald, wie schwer uns das fällt. Darum bemühen wir uns – oft unbewußt –, auf andere Weise der Lage Herr zu werden: Wir versuchen, uns von der Schuld zu entlasten. Hierfür stehen uns in der Regel zwei Wege offen:

Einmal das „*Verschiebespiel*", worüber in Brief 6 schon geschrieben wurde (vielleicht lesen Sie das noch einmal nach).

Zum andern *verharmlosen* wir. Wir tun so, als ob eigentlich alles in Ordnung sei. Wir bemühen uns, „die ganze Sache zu vergessen". Das heißt, wir versuchen, auf dem Wege der *Verdrängung* weiterzukommen (wie die Psychologen das gerne nennen). Doch können wir uns nicht darüber hinwegtäuschen, daß das Verhältnis zu dem anderen Menschen gestört bleibt. Nur wenn wir beide wieder offen miteinander umgehen könnten, wenn wir beide einander wieder angenommen hätten, wäre die Störung überwunden.

Wenn wir Schuld nur verdrängen oder abschieben, ermöglichen wir gerade keine neue Gemeinschaft. Vielmehr verlieren wir so den anderen Menschen, den wir kränkten. Das Tischtuch ist zerschnitten. Ein Spalt hat sich zwischen ihm und mir aufgetan.

Die Schuld fällt auf uns selbst zurück

Wir können nicht leben, ohne daß andere Menschen uns anerkennen, unseren Wert bestätigen, uns zeigen, daß sie etwas von uns halten. Kein Mensch kann ohne Resonanz, ohne das Gefühl, akzeptiert zu werden, wirklich leben. Was tun wir nicht alles, um das zu erreichen:

Wir wollen prächtige Liebhaber, verständnisvolle Väter, sorgende Mütter sein oder von unseren Arbeitskollegen respektiert werden.

Wenn wir aber andere enttäuschen, verletzen oder hintergehen, werden wir ihre Achtung verlieren. Wenn uns dann schließlich niemand mehr anerkennt, sinkt auch unser Selbstwertgefühl. *Wir gestehen gerade deshalb so ungern unser Versagen ein, weil wir Angst haben, nicht mehr akzeptiert zu werden. Wir fürchten uns davor, daß uns keiner mehr mag.*

Der Hahnenschrei oder: Die geschenkte Gemeinschaft

Im Neuen Testament gibt es rund um Kreuzigung und Auferstehung Jesu einen für uns bedeutsamen Bericht: Lukas 22, 31–34, 54–62 und 24, 34. Dort wird erzählt, wie Petrus kläglich versagt. Vorher hatte Petrus etwas großtönend vor Jesus kundgetan: „Wenn dich auch alle verlassen, ich verlasse dich nicht." Das heißt soviel wie: „Jeder mag aus der Gemeinschaft mit dir austreten, ich aber halte sie aufrecht". Jesus jedoch antwortet: „Bevor der Hahn kräht, wirst du mich dreimal verleugnen". Und so kommt es dann auch. An dieser Stelle wird nun ergreifend geschildert, wie verzweifelt Petrus daraufhin ist: Er weint wahrhaftig nicht aus purer Sentimentalität, sondern er bricht zusammen, weil er die ihm wichtigste Gemeinschaft verraten und angesichts des Kreuzes wohl auch endgültig zerstört hat. Aber – Petrus ist trotzdem einer der ersten, denen nach Ostern Jesus Christus erschienen ist. Das will doch besagen: Jesus zeigt gerade *diesem* Petrus, daß die Gemeinschaft von seiner Seite aus keineswegs zerstört ist, sondern daß *er* die Gemeinschaft gerade mit diesem Verräter Petrus aufrechterhält.

Gott weiß also, wie schwach wir Menschen sind. Trotzdem hält er zu uns. Dies will das Verhalten Jesu zeigen.

Warum dies alles? Darauf gibt es nur eine ganz schlichte Antwort: Weil wir Menschen Gottes Geschöpfe sind, darum haben wir für ihn einen unaufgebbaren Wert. Denn „Also hat Gott die Welt geliebt, daß er seinen eigenen Sohn gab" (Joh. 3,16). Gott, so will dieser Text doch sagen, ist soviel an seinem Geschöpf und der Gemeinschaft mit ihm gelegen, daß er alles tut, diese Gemeinschaft zu retten. Er wirft sich selbst in die Waagschale. „Gott am Galgen" – soviel sind wir ihm wert.

Das Leben kann noch einmal beginnen

Wenn das so ist, brauchen wir uns nicht mehr dauernd bestätigen zu lassen, daß wir einen Wert haben. Wir bedürfen der verfluchten Anerkennungssucht nicht mehr. Denn nun wird uns eine befreiende Gewißheit zuteil: Wir haben einen unerworbenen, einen geschenkten Wert; wir sind Gottes Geschöpfe. Nun brauchen wir uns nicht mehr zu verstecken, weder vor Gott noch vor den Menschen. Wir dürfen uns angenommen wissen, obwohl wir schwach sind, obwohl wir schuldig werden und oft – mit Recht – unglücklich darüber sind, daß wir uns miserabel benommen und Entscheidendes verwirkt haben. Wir sind nicht mehr darauf angewiesen, unseren Wert erst selbst zu begründen oder von anderen Menschen bestätigen zu lassen. Deshalb können wir auch auf das Verschiebespiel und auf den Kunstgriff der Verdrängung verzichten. Wir können unsere Schuld nun offen aussprechen, können uns so darstellen, wie wir sind. So sind wir von einer schrecklichen Verkrampfung befreit, die uns bisher nötigte, uns und andern ständig etwas vorzumachen. Es bedeutet eine unbeschreibliche Befreiung, wenn wir wissen dürfen: Was auch immer ich getan habe und wer auch immer ich sein mag – niemand und nichts darf mehr zwischen Gott und mich treten, niemand und nichts kann etwas daran ändern, daß ich von ihm akzeptiert bin und daß mir seine Liebe gehört.

Von hier aus aber wird deutlich, daß Vergebung keineswegs nur eine Sache bloßer Vergangenheitsbewältigung ist und uns also bloß nach rückwärts blicken läßt. Wenn wir frei sind von dem Zwang, uns ins rechte Licht setzen zu müssen und etwas zu gelten, dann macht uns das auch frei, die Energien unserer Liebe, unserer Phantasie und unserer Sachlichkeit nun dafür zu verschwenden, daß wir nach ständiger Selbstbestätigung jagen. Wir werden nunmehr frei, mit unseren Fähigkeiten anderen zu helfen und in unseren Lebensbereichen Verantwortung zu übernehmen, und zwar in dem Wissen, selbst doch von Gott geliebt zu werden, auch wenn wir weiterhin Fehler machen und versagen (vgl. Brief 6).

Gott hält zu uns, nimmt uns an. Als solche Leute sind wir Gottes Partner, die aus seiner Liebe heraus lernen, auch die zu lieben, die uns verletzen.

Wie kann dies konkret aussehen?

Liebende leben von der Vergebung

Gerade in den engsten Gemeinschaften, beispielsweise in einer Ehe oder einer partnerschaftlichen Liebe zweier Menschen, wird Vergebung lebensnotwendig. „Liebe" ist ja nicht etwas ein für allemal Feststehendes. Sie gleicht eher einem Wellenspiel, einem Auf und Ab, einem Hingezogen- und wieder Abgestoßenwerden. Sie ist dauernd in Bewegung. Das macht sie auch so spannend. Dieses Auf und Ab schließt natürlich auch gegenseitiges Fehlverhalten und Versagen ein.

Aber ein verzeihendes Wort, ein entschuldigender Blick, eine Geste der Vergebung treibt Liebende wieder näher zueinander. Liebende leben geradezu von Vergebung.

Hier wird deutlich, daß Vergebung nie eine theoretische Sache ist, sondern immer neu und ganz praktisch *vollzogen* werden muß. Oft wortlos.

Wer nicht mehr um Verzeihung bitten kann, kapselt sich ab. Noch schlimmer aber ist, erbetene Verzeihung nicht mehr annehmen zu können.

Die gegenseitige Verzeihung zeigt uns zudem, wie tief eine Liebe gegründet ist: Wer um Vergebung bittet, verzichtet auf seine rechthaberische Position und läßt den Partner zugleich erkennen, daß er darauf vertraut, *trotz* seiner Fehler von ihm geliebt zu werden. Liebe gründet in Vergebung.

Wer nicht vergeben kann, fixiert den Partner auf ein stehendes Bild, ist sozusagen fertig mit ihm. Liebende aber sind nie fertig miteinander. Max Frisch beschreibt dies in seinem Tagebuch so: „Das ist das Erregende, das Abenteuerliche, das eigentlich Spannende, daß wir mit den Menschen, die wir lieben, nicht fertigwerden: weil wir sie lieben, solang wir sie lieben."

Wenn wir andern Menschen verzeihen, ist das also nicht so etwas wie eine großmütige Tat. Es geschieht nicht aus einer arroganten Haltung der Überlegenheit. Echte, tragfähige Vergebung schenken – ohne frömmelnden, überheblichen Beigeschmack – kann nur der, der weiß, daß er selbst von der Vergebung lebt.

Die Solidarität der Schuld ist die Basis, auf der allein man andern vergeben kann.

Deshalb haben beispielsweise Christen nach dem verhängnisvollen und durch menschliche Schuld herbeigeführten Chaos des Zweiten Weltkrieges nicht in eitlem Selbstruhm auf Märtyrer und Widerstandskämpfer in ihren eigenen Reihen verwiesen, sondern mit diesen zusammen solidarisch im „Stuttgarter Schuldbekenntnis" bekannt: „Wir klagen uns an, daß wir nicht mutiger bekannt, nicht treuer gebetet, nicht fröhlicher geglaubt und nicht brennender geliebt haben." Nur solche Solidarität macht Vergebung glaubhaft. Nur diese geschenkte Vergebung läßt Leben noch einmal beginnen. Wenn wir also andern Menschen vergeben, schließt das die Bitte um eigene Vergebung ein: „Vergib uns unsere Schuld, wie wir unseren Schuldnern vergeben."

Die billige Gnade

Es gibt nichts in der Welt, mit dem man nicht Schindluder treiben könnte. Auch mit der Vergebung kann man es so machen. Es gibt Leute, die die Botschaft von der Vergebung Gottes zu einer Mär vom sogenannten „lieben Gott" machen. Der „liebe Gott" ist dann so etwas wie ein hilfloser Greis im Jenseits, der vor lauter Schwäche und aus lauter Gutmütigkeit nur noch nett zu uns sein kann, ständig durch die Finger sieht, Fünfe gerade sein läßt und uns alles durchgehen läßt. Die Mär vom lieben Gott wiegt uns in der Illusion, daß es schließlich doch zu einem Happy-End kommen müsse, egal wie wir es in unserm Leben getrieben haben...

Wir müßten uns in diesem Brief sehr unklar ausgedrückt haben, wenn man das, was wir über die Vergebung sagten, in diesem Sinne auffassen würde. Die Liebe Gottes, die uns treu und zugewandt bleibt, auch wenn wir versagen, ist ja kein Zustand permanenter und indifferenter Gutmütigkeit, die sich durch nichts erschüttern ließe. O doch: Gott kann sehr erschüttert über uns sein. Durch die Bibel gehen viele Nachrichten vom Schmerz Gottes über unsere Untreue, unsere Vertrauenslosigkeit, unser Versagen. Aber er sagt „dennoch" Ja zu uns; er sagt es unter Opfern und schließlich sogar vom Kreuz auf Golgatha aus. So viel wendet er auf, so viel läßt er's sich kosten...

Wer sich deshalb auf die Vergebung einläßt, kann davon nicht unberührt bleiben. Die Treue Gottes, das Dennoch, das er unter Schmerzen zu uns spricht, hat etwas ungemein Verpflichtendes. Wer könnte angesichts der Kreuzesgeschichte noch den Zynismus aufbringen, zu sagen: Mit Gott kann man offenbar machen, was man will – der Himmel bleibt uns garantiert!

Diese Art Gnade ist wahrhaftig nicht billig. Sie wird einem nur zuteil, wenn man auf sie eingeht, wenn man das Opfer Gottes mitmacht und am Kreuzesleiden Jesu selber teilnimmt. Das heißt ganz praktisch: Ich kann nur dann Vergebung empfangen, wenn ich sie ernst nehme, in die Tat umsetze und sie auch andern gegenüber nun meinerseits praktiziere. *Ein modernes Gleichnis* soll dies verdeutlichen:

Ein Buchhalter wird von seinem Chef zur Abrechnung zitiert. Er weiß, was ihm blüht. Er hat große Gelder veruntreut, unterschlagen, andere betrogen und hintergangen.

Der Chef weiß das inzwischen. Während der Buchhalter zum Chef geht, kommt ihm alles in den Sinn, was so auf ihn zukommen wird. Er verliert seine Stelle, kommt für einige Zeit hinter Schloß und Riegel, seine Familie muß die Wohnung aufgeben, die Nachbarn werden mit Fingern auf ihn zeigen, seine Kinder in der Schule gehänselt werden. Seine Zukunft steht schwarz und drohend vor ihm.

Als er vor seinem Vorgesetzten steht, geschieht das Unglaubliche: Der Chef erläßt ihm seine ganze Schuld, einfach so. Eben glaubt der Buchhalter noch, seine Zukunft sei ausgelöscht. Und nun plötzlich werden mit einem Schlage seine Befürchtungen und Ängste weggewischt. Sein Versagen ausradiert. Seine Zukunft ist wieder offen. Er darf noch einmal von vorn anfangen. Ein befreiendes Gefühl.

Der Buchhalter ist so überwältigt vor Freude, daß er allen seinen Kollegen, die ihm etwas schulden, ebenfalls alles schenkt.

So sollte es sein! Daß die Bibel realistisch genug ist, den Ausgang anders zu schildern, können wir in einem Gleichnis Jesu nachlesen (vgl. Matthäus-Evangelium, Kapitel 18, Verse 21–35).

Wer von der Vergebung Gottes lebt, wer sich von ihm angenommen weiß, wird frei, sich selbst mit seinen Fehlern anzunehmen, und fähig, andere mit ihren Schwächen zu tragen.

Hinweise zur Vertiefung

Biblische Lektüre zum Thema Vergebung: Lesen Sie das Gleichnis Jesu vom „Schalksknecht" (Matthäus-Evangelium, Kapitel 18, Vers 21–35), die Worte aus der Bergpredigt (Feindesliebe), Matthäus-Evangelium, Kapitel 5, Vers 38–48 und die Stellen, die wir bei Brief 6 angaben. Ferner: Römerbrief, Kapitel 8, Vers 31–39.

Vorschläge zur Diskussion in Gruppen:

a) Lesen Sie vorher den ganzen Brief durch und nehmen Sie dann die *kursiv* gedruckten Sätze als Leitfaden des Gesprächs oder

b) Fassen Sie folgende Bereiche zusammen:

Was verstehen Sie,
was der Brief unter Schuld?
Worum dreht sich Ihre Erfahrung mit diesen Sätzen,
worin unterscheidet sie sich von ihnen?
Wie weit kann das hier Gesagte
übertragbar sein in private und gesellschaftliche Lebensformen?
Was steht dagegen?
Was ist Vergebung wirklich?

Literatur zum Thema

Helmut Thielicke, Das Leben kann noch einmal beginnen. Ein Gang durch die Bergpredigt. Taschenbuchausgabe. Quell-Verlag, Stuttgart.

Wie es weitergehen soll

Wenn unser Leben noch einmal beginnen kann, wohin führt es dann? Was ist das Ziel? Was erwartet uns? Das Thema des nächsten Briefes: *Wohin gehen wir? Tod und Auferstehung.*

Mit herzlichem Gruß
Ihre Projektgruppe Glaubensinformation

Brief 15:

Wohin gehen wir? Tod und Auferstehung

Liebe Kursteilnehmer!
„Jeder Mensch muß sterben." Dieser banale Satz verbirgt eine Menge von Fragen, Problemen, Sehnsüchten und Nöten, die uns alle irgendwann einmal bedrängten: Ist mit dem Tod alles aus? Gibt es ewiges Leben? Auf diese menschlichen Grundfragen zielt unser heutiges Thema.

Aus einem persönlichen Brief...

Vor kurzem starb die Frau eines älteren Mitgliedes unserer Gruppe. Als wir das heutige Thema „Wohin gehen wir?" vorbereiteten, las er uns den Beileidsbrief amerikanischer Freunde vor. Der Brief bedeutete ihm viel; er hat direkt mit unserem Thema zu tun. Einige Sätze daraus möchten wir zitieren:

„Lieber E...!
... Es würde wenig nützen, Dir jetzt mit frommen Sprüchen zu kommen. Aber Du sollst wissen, daß wir mit Dir leiden, Deinen einsamen Weg in Liebe begleiten und daß Dein Name in unseren Gebeten immer wieder fällt. Wer Gott nicht kennt, der kann den Tod nur als Erzfeind empfinden. Er ist dann *das* Ende und schneidet die Verbindung mit allem ab, was uns lieb und teuer ist. Für uns Christen ist es aber nur ein Zwischenfall (incident), kaum eine Unterbrechung. Im Neuen Testament fällt einem immer wieder der Geist der Freude auf, der den Todesschmerz überwindet. Diese Freude gründet in der Gewißheit, daß Jesus den Tod besiegt hat. Wir beten, daß diese Gewißheit auch die Deinige sein möge..."

Aus diesen Briefzeilen sprechen zwar Tod und Trauer. Vielleicht hätten *wir* aber den Brief doch etwas anders geschrieben. Als Deutsche hätten wir wahrscheinlich mehr nach Begründungen gesucht und weniger spontan geschrieben, als es der amerikanischen Art entspricht. Enthält der Brief also letztlich doch nur fromme Sprüche, obwohl er vorgibt, keine machen zu wollen?

Der Brief drückt Anteilnahme aus. Das ist wichtig: in der Stunde der Trauer möchte ein Mensch nicht allein sein. Er braucht jemanden, der bei ihm ist. Dieser Jemand braucht manchmal gar nichts Besonderes zu sagen. Seine Nähe genügt, vielleicht nur eine Geste. Kübler-Ross gibt unter ihren „Interviews mit Sterbenden" das Gespräch mit einer Mutter wieder. Diese Mutter beklagt sich über die Art, wie ein Arzt ihr gesagt habe, daß ihre knapp 20jährige Tochter bald sterben würde. Er habe sie ohne Vorbereitung und Umschweife mit dieser Nachricht überfallen. Die Ärztin, der diese Mutter das erzählte, meinte, vielleicht sei der Arzt selbst mit dem Tod nicht fertig geworden, darum habe er das so „Hals-über-Kopf" erledigt. Die Mutter gab sich aber mit dieser Erklärung nicht recht zufrieden: Er hätte mir doch wenigstens einen Stuhl anbieten können. Er hätte auch mit der Nachricht warten können, bis mein Mann wieder mitkam. Ich kam sonst ja immer mit meinem Mann. Nur an diesem einen Tage konnte er nicht mitkommen.

Wir brauchen in der Situation des Trauerns eben Menschen, die bei uns sind, uns helfen.

Ein Zwischenfall

Wir brauchen die Nähe des anderen als Hilfe. Denn der Tod – darin liegt sein Schrecken – erscheint uns oft, auch uns Christen im Alltag, als das absolute Ende. Am deutlichsten wird das an der Art und Weise, wie wir mit dem Tode umgehen.

In Hamburg sind neuerdings die Leichenwagen nicht mehr schwarz, sondern werden durch neutrale Farben als Normalwagen „getarnt". Man will den Menschen auf der Straße den Gedanken an den Tod ersparen. Der Gedanke an den Tod ist sozusagen nicht mehr zumutbar. Unsere Kliniken haben kaum noch Zimmer, in denen Menschen „würdig" sterben können. Sie werden in ihrer letzten Stunde oft in Badezimmer abgeschoben. Ärzte und Krankenschwestern lassen sie meistens allein. Das Krankenhaus ist für uns zu einer Einrichtung geworden, für die der Tod ein Betriebsunfall, ein peinlicher Zwischenfall ist. Kliniken werden als Heilungsstätten gesehen: darum wird der Tod als ärgerliche, nicht ins Konzept passende Störung empfunden.

Als ‚Zwischenfall' wird der Tod nun auch in dem eingangs zitierten Beileidsbrief bezeichnet. „Für uns Christen ist er (= der Tod) nur ein Zwischenfall". Klammern damit die Christen den Tod nicht ebenfalls aus, schieben sie ihn nicht ebenso wie alle anderen Menschen einfach weg? Nein – der Unterschied liegt in der Begründung. Selbst die Amerikaner in ihrer spontanen Art geben hier eine Begründung an. „Im Neuen Testament fällt einem immer auf..." schreiben sie. Das Neue Testament wird damit zur Basis ihrer Meinung. Dort erregt vor allem der Geist der *Freude* ihre Aufmerksamkeit.

Unsere Situation ist offensichtlich sehr viel anders: Wir sind oft außerstande, furchtlos und gelassen dem Tode entgegenzusehen. Obwohl man in offenen oder gar öffentlichen Diskussionen diesem Thema auszuweichen pflegt, ist es doch unverkennbar, daß im Hintergrund unseres Lebens ein hohes Maß an Todesfurcht geistert. Wir streichen zum Beispiel dunkle Leichenwagen heller an, um peinlichen Erinnerungen an den Tod zu entgehen. Und über den berühmten Friedhof in Hollywood klingen vom Tonband Vogelgesang und Operettenmusik, um ungestörtes Leben vorzutäuschen. Wir sind offenbar gezwungen, den Tod herunterzuspielen, wo wir ihm unausweichlich begegnen. So wird der Tod dann zu einem Betriebsunfall im Krankenhaus, zu einem Zwischenfall. Dasselbe scheint – wenigstens auf den ersten Blick – das Neue Testament zu tun, wenn es den Tod nur am Rande auftauchen läßt und ihn gleichsam nur beiläufig erwähnt.

Dieser Schein trügt jedoch, weil hier der Akzent eben *nicht* auf der Art und Weise liegt, wie der Mensch den Tod „erlebt". Die Basis seiner Aussagen liegt nicht in der menschlichen Unfähigkeit, den Tod in seiner Härte auszuhalten, sondern in der Überwindung des Todes selbst. Es geht dem Neuen Testament infolge dessen nicht darum, wie der Tod subjektiv erträglich gemacht werden kann, sondern um den Sieg über den Tod als eine objektive Macht.

Der Sieg über den Tod

Rudolf Alexander Schröder erzählte einmal vom Tod eines Freundes, der bei seinen Angehörigen und ihm selbst einen wilden, verzweifelten Schmerz auslöste. Man saß am Abend in stumpfem Brüten zusammen. Da tat Schröder etwas sehr Merkwürdiges: Er las nacheinander die Berichte der vier Evangelien über die Auferstehung Jesu am Dritten Tag. Und er berichtet nun, daß sich damit auf einen Schlag die Atmosphäre verändert habe: Die Starre löste sich, es war wirklich wie ein erlöstes Aufatmen. Man gewann auf einmal Distanz zu dem Schrecklichen und konnte nun gelassen miteinander reden.

Es war sehr eigenartig: Die Leute, die hier beieinander saßen, waren sozusagen „Intellektuelle". Die Frage, was hier historisch vor sich gegangen sein mochte und was an „realem" Kern hinter der Auferstehungsbotschaft der Urgemeinde stand, mochte sie in normalen Zeiten ebenso beschäftigen, wie auch wir uns in diesen Briefen damit abgegeben haben. In dieser Stunde aber, wo die Realität des Sterbens so elementar den Freundeskreis ergriffen hatte, durchbrach die Auferstehungsbotschaft alle Reflexionen und drängte sich den versammelten Freunden ihrerseits als eine elementare Gewißheit auf. Sie war der harten Realität des Todes nicht nur gewachsen, sondern überlegen.

Da unter unsern Lesern vielleicht ebenfalls Trauernde sind, möchten wir an *dieser* Stelle auch unsererseits einmal dieses schlichte Bekenntnis: „Er ist auferstanden. Er ist wahrhaftig auferstanden" wie ein tragendes Bekenntnis vor uns stehen lassen und es so hören, wie das die Christen des Ostens noch heute tun, wenn sie sich am Ostermorgen diesen Gruß zurufen.

An einer Stelle also, so künden die Osterberichte, ist ein Loch in die Front des Todes gerissen worden: Jesus selber wurde nicht von seinen Fesseln gehalten. In dieser ältesten Gewißheit, daß dies geschehen sei, sind alle Evangelien geschrieben. Das Osterlicht fällt nun auch nach rückwärts über alle Geschehnisse des Lebens Jesu und läßt sie neu und in einer anderen Perspektive aufleuchten, als sie denen verfügbar war, die als Begleiter und Zeitgenossen dieses Leben begleitet hatten. Ostern ist das älteste christliche Fest. Es ist der Schlüssel zu allem.

Die Folgen

Aus dieser Ostergewißheit heraus schreibt dann beispielsweise auch Paulus, daß uns „weder Tod noch Leben" von der Liebe Gottes trennen können (vgl. Römer-Brief, Kapitel 8, Vers 38f.). Wen Jesus in seine Gemeinschaft aufgenommen hat, den läßt er nicht mehr los; der darf also mit ihm genau durch jenes Loch hindurch, das er selber in die Front des Todes gerissen hat, der wird – wie es im Gespräch mit dem Schächer am Kreuz heißt – „mit ihm im Paradiese sein“ (Lukas-Evangelium, Kapitel 23, Vers 43). Er läßt ihn sich durch keinen Tod mehr rauben. Ist das aber nicht zu schön, um wahr zu sein? Wir sehen doch das Massensterben in den Kriegen, in Seuchen und Erdbeben; wir sehen das entsetzliche Leiden bei Krebs und Multipler Sklerose. Wirkt angesichts dessen die vermeintliche Tod-„überwindung“ nicht wie eine Phrase des Leichtsinns oder wie ein grundloses dogmatisches Dekret?

Der Tod bleibt auch weiterhin eine Realität. Er reicht sogar weiter, als manche Menschen annehmen, wenn sie von der Unsterblichkeit der Seele sprechen. Sie helfen sich mit der Trostbehauptung, es gäbe in uns einen harten Kern, der den Tod überdauert, nämlich eine „unsterbliche Seele“. Das neue Testament sieht aber den Tod sehr viel radikaler und verschmäht solche Schutzbehauptungen. Da ist nirgendwo davon die Rede, daß das menschliche Ich einen „todlosen“ Kern besitze, der dem Sterben durch seine eigene Qualität überlegen sei. Nein: die Macht der Todüberwindung eignet nicht dem Menschen selber, auch nicht seiner Psyche, sondern sie ist allein in der Treue Gottes begründet, der die Seinen nicht läßt. Darum darf auch kein zeitliches Ende über ihn Macht gewinnen. „Mit wem Gott einmal gesprochen hat, es sei im Zorn oder in der Gnade“, so sagt Luther einmal, „der ist fürwahr unsterblich“. Verstehen Sie: Nicht weil der Mensch eine unsterbliche Seele hätte, überdauert er den Tod, sondern weil Gott das Gespräch mit uns nicht abreißen läßt und weil die Geschichte weitergehen muß, die er einmal mit uns eingegangen ist. Wenn wir – verständlicherweise – nach dem Wie dieser weitergehenden Geschichte fragen, enttäuscht uns das Neue Testament: Es gibt keine Beschreibung, keine „Geographie des Himmels“, sondern begnügt sich damit, daß wir in der Treue Gottes geborgen sind.

Wenn die Dinge so liegen, können wir nicht von dem Sieg Jesu über den Tod getrennt werden. Unser schmerzvolles Sterben ist nur ein „Nachzucken“ des Todes, der an Ostern grundsätzlich besiegt wurde. „Der Tod ist verschlungen in den Sieg. Tod, wo ist dein Stachel?“ Paulus schreibt diese Worte an die Korinther (1. Korintherbrief, Kap. 15, Vers 55). Sie lassen Kampf und Erleben des Mitgeteilten spüren. Paulus schreibt hier als jemand, der von dem Erlebten ganz durchdrungen ist. Er steht völlig unter dem Eindruck der Erkenntnis, daß Jesus Christus lebt. Jesus ist nicht tot, wie er, Paulus, zunächst gemeint hatte, so daß er die Jünger Jesu als falsche Propheten verfolgte. Der Tod – das ist ihm nun gewiß – liefert nur noch „Rückzugsgefechte“.

Das neue Leben vor dem Tod

In dem anfangs zitierten Brief heißt es dann weiter:

„Wenn Jesus einem Menschen so hilft, mit dem Tode fertig zu werden, dann bedeutet das nicht, daß wir uns nur noch für das interessieren, was ‚nachher‘ kommt, und darüber unseren jetzigen Lebensaugenblick vergäßen. Nein: wer mit dem Sterben-müssen fertig ist, der *lebt* auch anders. Gerade wenn uns ein sehr geliebter Mensch verläßt, werden wir uns schmerzlich bewußt, was wir ihm schuldig geblieben sind und wie oft wir es an Liebe und Verstehen haben fehlen lassen. Es ist ein wunderbarer Trost zu wissen, daß der Gott, der uns ‚hier und drüben‘ die Treue hält, auch dieses Versagen mit seinem Erbarmen überdeckt und es immer neu mit uns versucht. Wenn wir da mitmachen und nicht streiken, werden wir auch unseren Mitmenschen gegenüber nachsichtiger und barmherziger sein. Der Atem dieser neuen Hoffnung bezieht sich nicht nur auf unser Leben *nach* dem Tod, sondern auch auf unser Leben *vor* dem Tod ...“.

Angesichts der Auferstehung gewinnt auch dieses Leben vor dem Tode eine neue Bedeutung. Wir dürfen nun ein Leben leben, das nicht mehr von Todesschatten umdüstert ist. Wir haben keinen Grund mehr, den Tod aus unserem Leben zu „verdrängen“, weil wir sonst unsere frohe Unbefangenheit verlören. (Als ob man durch Verdrängung je zur Unbefangenheit kommen könnte!). Wir brauchen unsere Leichenwagen nicht durch neutrale Farben zu tarnen.

Diese neugewonnene Freiheit gegenüber dem Sterben kann nicht ohne Einfluß auf die Art bleiben, wie sich nun unser alltägliches Leben abspielt. Wir geben nur einige Richtungsanzeiger für das, was sich ändert:

Erstens: Wenn uns klar geworden ist, daß unser Leben keine Sackgasse mehr sein darf, die im Tode endet, dann führt das zu einer Umstellung aller Werte. Vielleicht lebten wir bisher im Namen des Leistungsprinzips. Wir litten unter einer maßlosen Überschätzung dessen, was wir zuwege brachten: des Geldes, das wir verdienten, des Sozialprestiges, dem wir wie einem Götzen nachjagten, und vieles anderem. Wenn wir in Jesus das Unvergängliche kennengelernt haben, bekommen wir einen neuen „Riecher" für das, was *wirklich* vergänglich ist, eine Nase für Verwesungsgerüche, zum Beispiel für das Ansehen unter Menschen, das so entsetzlich labil und hinfällig ist (wer einmal von einer Höhe jäh heruntergefallen ist, weiß, was wir meinen!), für das Bankkonto, das wir nicht in die Ewigkeit transferieren und ins Buch des Lebens umschreiben lassen können – für all den Wind und das Haschen nach Wind, von dem der weise Salomo einiges zu erzählen weiß. Wir lernen die Wahrheit des Gebetsverses verstehen:

> Ewigkeit,
> in die Zeit
> leuchte hell herein,
> daß uns kleiner werd' das Kleine
> und das Große groß erscheine.

Wir lernen also, das Große vom Kleinen, das Wesentliche vom Unwesentlichen zu unterscheiden. Das schenkt uns Frieden und Gelassenheit. Denn wie vieles von diesem Unwesentlichen hat uns bisher aufgeregt und in Atem gehalten! Es lohnt sich, einmal darüber zu meditieren, was uns in unserem Leben am meisten beschäftigt (oder bisher beschäftigt *hat*). Die Summe, die wir dann ziehen müssen, ist in der Regel ziemlich beklemmend. Das Meiste ist Schaum. Und wir beginnen uns zu schämen, wenn wir das harte Metall dessen, was in Ewigkeit bleibt, zum Maßstab für Wahrheit und Schaum heranziehen. Aber gerade diese produktive Scham bedeutet dann den Aufbruch in ein neues Leben.

Zweitens: Wer im Leben jene im Tod endende Sackgasse sieht, versteht das Leben als einen Konkurrenzkampf, in dem er ums Überleben und um ein Maximum an Gewinn ringt. Nicht, als ob für den, der zum Glauben an den Auferstandenen durchgefunden hat, nun alle Konkurrenzen aufhörten! Es wäre sehr weltfremd, das zu meinen. Wir können nicht einmal wünschen, daß aller Ehrgeiz und aller Selbstbehauptungswille einfach erlöschen. Dann würde statt des Friedens Gottes wohl nur ein Kirchhofsfrieden das Leben der Geschichte ablösen.

Und doch wird durch das Wissen um die Todüberwindung etwas anders, sogar *ganz* anders: Das Leben geht für uns nicht mehr in diesen Kämpfen der Konkurrenz *auf.* Solange wir nichts anderes sehen als diesen Wettstreit ums Überleben und Gewinnen, sind unsere Mitmenschen ebenfalls nichts anderes als Figuren in diesem großen Schachspiel: Sie sind Bundesgenossen oder Gegner; sie sind Träger von Funktionen, die für oder wider uns gerichtet sind. Und diese Auseinandersetzung muß bis zur Grenze unseres Todes durchgekämpft und bestanden werden.

Dann aber, wenn wir um den Sieg Jesu wissen, wird das Leben zu etwas anderem und zu mehr als diesem begrenzten Spiel. Der Andere ist nun nicht mehr bloß der Träger von Funktionen, sondern er ist jemand, für den Gott ebenfalls eine ewige Bestimmung hat.

Auch er ist von ihm angenommen, auch er ist teuer erkauft und geliebt. Und so erscheint er uns in einem neuen Licht. Er ist nun etwas anderes als eine bloße Figur auf dem Schachbrett, die wir im Spiel der Konkurrenz einsetzen oder ausschalten. Er hat – genau wie wir selber – eine Geschichte mit Gott. Er steht – genau wie wir selber – unter seinem Patronat und ist zum gleichen „ewigen Leben" bestimmt.

Das hat ungeheure Konsequenzen: So sehr wir auch weiterhin mit ihm in Konkurrenz oder Bundesgenossenschaft stehen mögen, so ist er für unseren Blick doch jetzt in eine neue Dimension versetzt: Er ist in einem letzten Sinne unser Bruder. Wir können nun für ihn offen sein. Wir können jetzt so etwas wie Liebe für ihn aufbringen. Wir mögen ihn verurteilen (wenn er etwa eine Straftat begangen hat), wir mögen ihn bekämpfen (wenn er der Träger schädlicher Wirkungen ist oder Überzeugungen vertritt, die wir ablehnen müssen) – aber wir können in alledem nun ein Erbarmen mit dem Irrenden spüren und können die Trauer Gottes nachempfinden, die er um ihn hegen mag.

Das führt zu einer unerhörten Entgiftung im Umgang miteinander, und das kann sich bis tief ins Kraftfeld politischer, wirtschaftlicher, sozialer und beruflicher Auseinandersetzungen hinein auswirken.

Eine abschließende Überlegung

In diesem Brief ist zunächst die Rede gewesen von dem Tod und der Trauer, die er bei uns verursacht. Nachher, im zweiten Teil, ging es um das Leben, das angesichts des besiegten Todes möglich ist. Das sieht nach einem Widerspruch aus, obwohl es keiner ist. Es handelt sich um ein und dieselbe Sache. Es geht um eine realistische Sicht der Dinge. Das Neue Testament spricht in diesem Zusammenhang von Nüchternheit und ruft zu ihr auf.

Der Tod ist besiegt. Das ist wahr. Wir können deshalb für den andern, den Nächsten, den Mitmenschen leben. Andererseits führt der Tod noch heftige Rückzugsgefechte. Es sterben täglich Menschen, und auch wir werden sterben. Das bedeutet Leid für uns und andere. Wir müssen darum den andern helfen, das Leid zu ertragen. Sie werden uns ebenfalls helfen, unser Todesleid zu ertragen. Das schaffen bloße Sprüche, auch fromme Sprüche nicht. Das ermöglicht nur ein für den anderen Da-Sein. Das vermag allein ein Leben, das ganz von dem Sieg zu Ostern her gelebt wird.

„... Du sollst wissen, daß wir mit dir leiden ...“.

Literatur zur Vertiefung

Als Literatur, die zugleich zur Vertiefung dienen kann, möchten wir Ihnen empfehlen:

Margaretta K. Bowers, Edgar N. Jackson, James A. Knight, Lawrence Leshan, Wie können wir Sterbenden beistehen? Kaiser-Verlag, München 1971.

Elisabeth Kübler-Ross, Interviews mit Sterbenden. Gütersloher Taschenbuch.

Worauf ist Verlaß? Bibelarbeiten und Vorträge der Arbeitsgruppe „Glauben“ des Deutschen Evang. Kirchentages 1973, Kreuz-Verlag, Stuttgart.

Wie es weitergehen soll

In unseren Briefen ist immer wieder deutlich geworden, daß christlicher Glaube nicht bloß ein „Nachdenken“ ist, sondern sich praktisch vollziehen muß. Sicherlich gibt es dafür keine Patentrezepte, aber doch erprobte praktische Vorschläge.

Solche „ersten Schritte“ zeigen wir im nächsten Brief: Glauben – wie macht man das?

Mit herzlichem Gruß
Ihre Projektgruppe Glaubensinformation

Brief 16:

Glauben – wie macht man das?

Liebe Kursteilnehmer!
Wir haben nun in fünfzehn Briefen davon gesprochen, daß und warum wir die Gottesfrage für das Wesentlichste in unserem Leben halten, daß und warum die Gestalt Jesu Grund, Ziel und Sinn unseres Lebens ist. In vielen Zuschriften wurde uns gesagt, wie gern man das alles nachvollzöge, doch da sei man immer noch auf dem toten Punkt. Es gibt sicher nicht wenige unserer Leser, die mit Faust sagen möchten: „Die Worte hör' ich wohl, allein mir fehlt der Glaube." Können wir selbst überhaupt etwas dazu tun, um dieses Glück des Glauben-Könnens zu gewinnen? Darüber schreibt Ihnen ein Mitglied unserer Gruppe in diesem Brief.

Wer glauben will, muß zunächst die Blockierungen kennen, die ihn am Glauben-Können hindern

Mir ist es immer wieder passiert, daß jemand nach einem Gespräch über religiöse Fragen zu mir sagte: „Glauben-Können ist eine Gnade, für die wir nichts können. So etwas muß einem geschenkt werden. Entweder man hat sie oder man hat sie nicht. Mir ist das eben versagt."

Sicher ist damit etwas Richtiges ausgedrückt. Und doch wäre es fatal, wenn man das als Ausrede benutzte, sich also nicht weiter darum kümmerte und alles seinen Gang gehen ließe. Könnte es nicht sein, daß es in meinem Leben Blockierungen gibt, die so etwas wie Glauben gar nicht *aufkommen* lassen? Vielleicht lesen Sie einmal das Sämannsgleichnis Jesu (Lukas-Evangelium, Kapitel 8, Vers 5 ff.). Da ist von solchen Blockierungen die Rede: Es gibt einen verkrusteten Boden, in dem der Samen des Wortes keine Wurzel schlagen kann, und es gibt Dornen, die das keimende Pflänzlein ersticken. Wir fragen am besten, ob es solche erstickenden Dornen und Verkrustungen auch in *unserem* Leben gibt:

1. Einmal kann der sogenannte *Zeitgeist* diese Dornenrolle übernehmen. „Was ich glaube?", sagt da jemand zu mir, „nun, ich glaube, daß ein Pfund Rindfleisch eine gute Suppe gibt. Basta." So ein Küchenrezept, das ist eine runde, sichere Sache. Aber Gott? Man kann das natürlich auch feiner und intellektueller sagen. Aber schließlich läuft alles auf dasselbe hinaus: Weithin vertrauen wir heute nur dem rational Vordergründigen; alles andere ist Humbug, oder noch schlimmer: Es sind raffinierte Kleriker-Erfindungen, mit denen man die Gewissen an die Kandare legen und so etwas wie Herrschaft über die Seelen errichten will. Dieser Suggestion des Zeitgeistes drohen wir zu erliegen. Wenn alles in Frage gestellt wird und wenn Presse, Fernsehen und Film sich an dieser Zersetzung beteiligen, steht man schließlich verlassen im Regen und scheint nichts mehr zu haben, worauf man sich verlassen kann.

Die Plausibilität, die Selbstverständlichkeit innerer Gottesgewißheit ist dahin. (Wir alle sehnen uns ja nach Bestätigung. Wir möchten auch bei unseren Überzeugungen Resonanz und Übereinstimmung spüren. Wir brauchen Gefährten. Das ist übrigens einer der Gründe dafür, warum wir Sie immer wieder zur Bildung einer Gruppe aufrufen, mit der zusammen Sie zum Beispiel diese Briefe lesen und besprechen können. Wer ohne das Zwiegespräch, ohne Echo und Resonanz ist und in seiner Einsamkeit dahinvegetiert, hält den genannten Druck des Zeitgeistes nur schwer oder gar nicht aus). Angesichts der Kälte und Leere, die sich da um einen verbreiten, ist es kein Wunder, daß sich viele in den Rausch der Drogen oder auch in politische Ekstasen flüchten. Man hält es nicht mehr in diesem Vakuum aus.

Vielleicht ist es aber auch eine große *Chance*, an diesen Nullpunkt versetzt zu sein und ganz von vorne anfangen zu müssen. Wir könnten – um mit einem Wort Jesu zu sprechen – auf diese Weise die „geistlich Armen" werden, denen die Verheißung gilt. Denn Gott liebt gerade die leeren Hände und die unsicher gewordenen Herzen. Ich meine es manchmal mit Händen greifen zu können, worin diese Gnade des Null-Punktes für uns heute vielleicht besteht:

Wir „übernehmen" heute nicht mehr einfach den Glauben der Väter, so wie man einen verschlossenen Brief in die Tasche steckt, sondern wir fragen mißtrauisch und kritisch, was in diesem Brief steht und ob es überhaupt stimmt. Aber gerade damit wird uns Jesus *selbst* zur Frage, und wir geben ihm Gelegenheit, uns zu eröffnen, ob und was an ihm dran ist.

2. Vielleicht ist es aber auch die institutionelle Kirche, die uns das Glauben-Können schwer macht und so eine Blockade bildet.

Die Zeremonien und die altertümlich geprägte Feierlichkeit mögen uns fremd sein. Bei Beat und Rock reißt es uns vom Sitz. Hier aber wirkt manches einschläfernd. Wir sagen uns dann: „Immer das Übliche, immer wie gehabt!" Und um uns herum sitzt ein anonymes Publikum, zu dem man keinen Kontakt hat und das keine Nestwärme gewährt.

Vielleicht hat aber Ihre Ortsgemeinde, die sich Ihnen so befremdend präsentiert, unter dem Ladentisch oder im Hinterzimmer noch ganz andere Möglichkeiten. Vielleicht gibt es da eine Gruppe jüngerer Leute, die am Verständnis der Bibel arbeitet oder über Erziehungsfragen diskutiert; nur haben Sie es noch nicht gemerkt. (Diese Leute sollten sich allerdings auch deutlicher bemerkbar machen!) Bitte, rücken Sie doch einmal Ihrem Pastor mit diesen Fragen auf den Leib. Vielleicht machen Sie dann erstaunliche Entdeckungen. Vielleicht hat er schon lange auf so jemanden wie Sie gewartet, der mit ihm zusammen so einen Gesprächskreis aufmacht. Am unfruchtbarsten wäre jedenfalls das bloß resignierte Abwinken und die etwas sterile Frage: Was ist aus dieser Ecke denn schließlich zu erwarten?

3. Manchmal ist man – gerade als junger und suchender Mensch – auch von der Selbstsicherheit kirchlicher Normalchristen und Kirchenspringer abgestoßen. Diese Leute scheinen die Wahrheit gepachtet zu haben und in eisernen Truhen zu verwahren. Von diesen Typen mag ich nichts annehmen. Solche „Wahrheiten" sind mir von vornherein verdächtig. Leute dieser Art haben auf alles eine Antwort, sie scheinen unter keiner offenen und ungelösten Frage zu leiden, sie wirken so satt und tun so, als ob sie Monopolherren der Wahrheit wären. Mir sagte einmal ein junger Student, der aus dem Neuheidentum kam und nun erste, schüchterne Fragen nach Christus stellte: „Ich komme mir wie ein Maulwurf vor, der aus dem dunklen Erdreich herauslugt und in die Sonne blinzelt. Höre ich eine Predigt, dann wird man mit lauter dogmatischen Wahrheiten über Jungfrauengeburt, heilige Dreieinigkeit, Gottessohnschaft, Himmelfahrt usw. zugedeckt und überschüttet. Ihr blendet einen mit einer Tausendwattlampe. Bitte zunächst nur *eine* kleine Kerze, einen winzigen Brocken Wahrheit! Dann käme ich weiter und könnte das verdauen."

Ich frage mich, ob wir in diesem Briefkurs selbst immer nach diesem Rezept verfahren sind. Bemüht haben wir uns ja. Wir haben aus der Überfülle der Stoffe und Probleme, die das Thema des Glaubens umspannt, nur einiges Wenige herausgegriffen – einiges, von dem wir meinten, daß es zu den Eckpfeilern gehörte. Wir haben weit mehr ausgelassen, als wir gesagt haben. Und doch müssen wir uns jetzt am Ende selbstkritisch fragen, ob wir nicht hin und wieder (wenn nicht die Tausend-, so immerhin) die Hundertwattlampe aufgeblendet haben, so daß Sie den Blick abwandten. Wir ringen jedenfalls um die Frage, wie wir jene „*eine* kleine Kerze" anzünden könnten, die Ihnen das Glauben leichter und nicht schwerer macht. Ich will an einem Beispiel klarzumachen suchen, was ich meine:

Der Glaube fängt klein an

Mir hat einmal jemand einen Brief geschrieben, der abgekürzt folgendes besagte: „Ich verehre Jesus von Nazareth als den edelsten aller Menschen. Ihn aber für einen übernatürlichen Gottessohn zu halten – von einer Jungfrau geboren, aus dem Grab auferstanden und gen Himmel gefahren –, das ist mir unmöglich. (Da fühlte sich der Briefschreiber also durch die Tausendwattlampe geblendet!) Das alles erscheint mir als Mythologie und fromme Übermalung. Vielleicht irre ich mich ja. Dann würde mir Ungeheures entgehen. Doch komme ich eben über diese Hürde nicht hinweg. So bin ich eigentlich nur ein Glaubensinvalide (jedenfalls in Ihren Augen) und kann mich kaum als Christen bezeichnen. Schließlich fehlt mir das Entscheidende. Jesus von Nazareth ist für mich nicht der Absolute, nicht der Gottessohn ..."

Ich möchte diesem Manne und auch denen unter Ihnen, die ähnlich empfinden, Mut machen, sich dennoch für einen Christen zu halten. Wen Christus angerührt hat, so daß er ein fragender, ein nach *ihm* fragender Mensch wird, der sollte ja nicht meinen, daß er alles auf einen Schlag bekäme. Unser Glaube hat nämlich eine *Geschichte*. Er fängt sozusagen klein an, und man wächst erst allmählich und immer tiefer in ihn hinein.

Mir hat es stets großen Eindruck gemacht, daß Jesus ausgerechnet *den* Menschen einen „großen Glauben" zuerkannt hat, die überhaupt nichts von seiner Gottessohnschaft wußten, die sozusagen konfessionell ganz unprofiliert waren, ja die direkt aus dem Heidentum kamen wie das kanaanäische Weib (Matthäus-Evangelium, 15,21) oder aus dem Kraftfeld der Magie wie die „Blutflüssige Frau" (Markus-Evangelium, 5,25). Diese Leute streckten nur ihre Hände nach ihm aus und wagten darauf zu vertrauen, daß er ihnen helfen könne. Das war alles – und das *genügte* ihm. So erschien er ihnen anfangs durchaus noch nicht in seiner gleißenden und sie blendenden Herrlichkeit, sondern er war ihnen ein Kerzenstümpfchen, das einen kleinen Lichtschein in ihr dunkles Leben warf. Das reichte aber aus, um von ihm angenommen zu werden.

Durch diese Nachrichten aus dem Evangelium belehrt, habe ich dann dem Verfasser jenes Briefes folgendes geantwortet (und sage es auch Ihnen, der Sie vielleicht vor der gleichen Hürde zurückzuken): „Sie sollten das ganze Christusgeheimnis nicht auf einmal haben wollen. Schon, daß die Frage nach Christus Sie *beunruhigt*, ist ja ein Zeichen dafür, daß er an Ihnen wirkt. Sie begreifen ihn vielleicht noch nicht, aber er hat *Sie* ergriffen. (Paulus sagt im Philipper-Brief 3,12 das Nötige dazu!) Ich will Ihnen nur eine kleine Kerze zeigen, in deren Licht Sie sich ein wenig weitertasten können (keinen Halogen-Scheinwerfer also, der Sie mit 150 km/h voranrasen läßt): Bleiben Sie ruhig dabei, daß Jesus für Sie der edelste Mensch ist. Vergessen Sie (vorerst!) einmal alles, was über seine wunderbare Geburt und seine Gottessohnschaft von der Kirche gesagt wird. Versuchen Sie ihn *so* zu verstehen, wie Sie sich auch in den Helden eines großen Romans hineindenken, und lesen Sie meinetwegen die Evangelien nur wie seine Biographie. Versuchen Sie ruhig, die üblichen psychologischen Maßstäbe an ihn zu legen. Wenn Sie dieses Experiment machen (und ich rate Ihnen dazu!), werden Sie eine merkwürdige Beobachtung machen: daß er nämlich alle Ihre psychologischen Schemata sprengt. Wir alle leben zum Beispiel nach dem Echo-Gesetz, also nach dem Prinzip: ‚Wie du mir, so ich dir!' Wir leben immer aus der *Reaktion* auf unsere Außenwelt. Er aber tut das nicht. Er liebt nur. Er ist ein neuer Anfang und spinnt nicht nur Reaktionen fort, so daß es schließlich zu einer Eskalation des wechselseitigen Hasses kommt. In ihm ist etwas, das es sonst in der Welt eben *nicht* gibt. Gerade dann aber, wenn Sie merken: Er ist anders als ich –, dann sind Sie am Eigentlichen, dann haben Sie schon mehr erwischt als bloß den *Zipfel* seines Gewandes."

So also, meine ich, sollte man mit dem Glauben anfangen: ganz klein. Wer die Christuserfahrung jahrtausendelanger Tradition auf einmal haben will und wem die Katechismussätze allzu glatt von den Lippen gehen, der ist meist nur ein Schwätzer und Nachschwätzer. Gott aber baut alles von unten her auf. Und er hat viel Zeit; seine Mühlen mahlen auch hier langsam. Wer weiß, ob wir nicht auch in der Ewigkeit immer noch weiter wachsen müssen. Ich habe nun schon lange Theologie studiert, aber mir ist erst ein winziger Bruchteil aufgegangen, und jeden Tag entdecke ich etwas Neues. Jesus macht uns immer neugieriger, weil er unerschöpflich ist.

Wie fangen wir unsere Entdeckungsreise an?

Spurgeon, der große Erweckungsprediger des vorigen Jahrhunderts – ein phantastischer Mann übrigens, voller Schwung und Entdeckerfreude im Lande des Evangeliums –, beobachtete einmal drei Jungen, die in einem Fluß baden wollten. Der erste steckte kaum den Fuß ins Wasser, als er schon kreischte: „Hu, ist das kalt!" Der zweite wagte sich bis zu den Hüften hinein und blieb dann zähneklappernd stehen. Der dritte aber warf sich mit einem Satz ins Wasser, prustete, schüttelte sich und schwamm dann weit ausholend los. „Ist das schön!" rief er seinen Kameraden zu, die immer noch schlotternd und zögernd zurückblieben. – Spurgeon wandte diese Geschichte nun sofort auf unser Verhältnis zum Glauben an. Er tat das vielleicht in etwas pietistischer und ein wenig „treiberisch" erscheinender Manier. Doch sollte uns das nicht stören. Er sagte nämlich: „Hinein, hinein! Seid durch und durch Christ, von der Fußsohle bis zum Scheitel! Gebt euch dem Herrn ganz hin! Dann werdet Ihr wie dieser Junge ausrufen: ‚Ist das schön!'"

Man muß also *im* Element sein, um zu erleben, daß es schön ist und trägt. Man muß das Element ausprobieren. Wer nur am Ufer stehenbleibt, kommt nie dahinter. Der beschäftigt sich höchstens mit mehr oder weniger geistreichen Ausflüchten: Er vergleicht Körper- und Wassertemperatur, stellt Überlegungen an, ob es gesund ist, ins kalte Wasser zu gehen, sinniert über die Frage, ob die Wellen nicht zu hoch sind oder ob es einen gefährlichen Sog geben könnte – und so fort. So passiert denn überhaupt nichts, während der andere schon weit draußen ist und die Wonnen des Badens genießt. Viele von uns stehen so am Ufer und räsonnieren über den Glauben, statt es einmal mit ihm zu versuchen. Und das intellektuelle Geschwätz über... hat dann nur die Alibi-Funktion, unsere Passivität und unser Nichtstun zu entschuldigen.

Aber wie stellt man denn einen solchen Versuch an? Was heißt es, ins Element des Glaubens zu springen?

Eines steht jedenfalls fest: Jesus kann nicht vom Ufer und von der Etappe aus erkannt werden, sondern nur im Engagement, dadurch also, daß ich mich mit ihm einlasse. Nur wer in das Element hineinspringt, wer an einer noch so bescheidenen Stelle ein Stück Nachfolge praktiziert (verstehen Sie: „praktiziert"!), kann es erfahren, daß dieses Element trägt. Er erlebt dann, um mit Spurgeon zu sprechen, daß es „schön“ ist, darin zu sein. Daraus ergibt sich, so meine ich, für uns ein ganz praktikabler Hinweis: Ich kann das Experiment mit Jesus so anlegen, daß ich einmal in seinem Namen etwas tue, „als ob“ er wirklich der Herr wäre. Er *ist* vielleicht gar nicht mein Herr, aber ich behandle ihn einmal versuchsweise so, „als ob“ er es wäre: Ich hab vielleicht einen schwierigen Kumpel oder Kollegen in meiner Umgebung. Alles in mir bäumt sich gegen ihn auf, und er hat mich auch scheußlich behandelt. Statt aber, wie es meiner Natur entspräche, ihm bei nächster Gelegenheit eins auszuwischen, versuche ich mir im Sinne Jesu zu überlegen, daß er vielleicht ein armer, von Neid- und Minderwertigkeitskomplexen geplagter Mann ist, der viel eher mein Erbarmen als meinen Haß verdient. Ich versuche, ihn einmal so zu behandeln, „als ob“ Jesu Wort wirklich gelten würde „Liebet eure Feinde!“. Ich versuche also, ihn zu verstehen und Mit-Leiden mit ihm zu haben. Man wird dann ganz merkwürdige Dinge erleben, die ich jetzt nicht verraten will. Nur eins will ich sagen: Auf einmal wird mir Jesus dabei näherkommen. Denn ich habe mich in seinem Namen engagiert, und in diesem Engagement kommt er dann auf mich zu. Ich bin sozusagen ins Wasser gesprungen und siehe: das Element trägt. Ich habe dann in meinem Experimentierspiel gleichsam den ersten Zug gemacht (im Nachhinein merke ich freilich, daß *er* es schon war, der mir den Mumm dazu gegeben hat); dann aber habe ich die Verheißung, daß er nachziehen wird.

Indem ich dieses kleine Stück Nachfolge vollziehe, werfe ich – wie Luther es einmal saftig-drastisch ausgedrückt hat – Gott „den ganzen Sack seiner Verheißung vor die Füße“, vor allem die Zusage: „Wenn ihr mich von ganzem Herzen suchen werdet, will ich mich von euch finden lassen.“ Dann also ist *er* am Zuge. Und er wird etwas von sich hören lassen, er wird Laut geben. Gott läßt sich nicht lumpen, wenn wir *das* ernst nehmen, was er uns zugesagt hat.

Hinweise zur Vertiefung

Noch ein paar Ratschläge zum Abschied:

1. Wir können von Jesus ja nichts wissen, wenn wir nicht alles Erreichbare über ihn zu erfahren suchen. Das heißt ganz simpel: Wir sollten in den Evangelien lesen, sollten uns einmal das Matthäus- oder Johannes-Evangelium in einer modernen Übersetzung vornehmen, vielleicht mit einem anderen zusammen, der sich ebenfalls dafür interessiert (Hilfsmittel dazu nennen wir am Schluß).

2. Wir sollten uns auch in die Gedanken einschalten, mit denen erfahrene Menschen aller Jahrhunderte das Geheimnis der Gestalt Jesu umkreist haben. Wir sollten etwa in unserem Gesangbuch lesen – zum Beispiel Paul Gerhardts Lied „Befiehl du deine Wege…" –. Uns wird dann eine ganz neue Welt aufgehen, von der wir bisher vielleicht keine Ahnung hatten. Wer kann, sollte auch das eine oder andere von diesen Versen auswendig lernen. Das Leben kann einsame und schlimme Stunden bringen, in denen man das hervorholen kann. Dann möge es uns nicht so gehen wie einem alten Schauspieler: Als der in Sterbensnot war und von einem Kollegen besucht wurde, bat er seinen Besucher: „Bete mit mir ein Vaterunser." Der aber mußte verlegen abwinken: „Bedaure, mein Lieber, ich habe keinen Souffleur!"

3. Diese Stoffe kann man natürlich nicht so in sich hineinschlingen, wie wir das etwa mit einer Boulevard-Zeitung tun, die wir morgens in der Bahn überfliegen. Wir müssen uns dafür einen Freiraum schaffen, wir müssen darüber *meditieren*. Was heißt das? – Nun: von körperlicher Hygiene wissen wir alle etwas und richten uns auch danach. Wissen wir aber auch, daß es so etwas wie eine Hygiene der Seele gibt? Ich fürchte, viele von uns sind den geistigen Bazillen und Bakterien in der Luft ziemlich wehrlos ausgeliefert. Wer täglich nur den Bildersalat aus Fernsehen und Illustrierten in sich hineinwürgt, wer sich wehrlos dem Streß der Managerei, den ständigen Reizüberflutungen von außen her überläßt, der verfällt der inneren Auszehrung. Es gibt auch wuchernde Krebsgeschwülste der Seele. Welche unaufgeräumten Rumpelkammern gibt es da! Bitte stellen Sie sich aber nicht vor, daß wir mit Meditation nur eine Art Gedankenakrobatik meinten. Alles, was mit dem Glauben zu tun hat – auch das meditative „Bedenken" des Glaubens – kann bei Christen nie bloß im Innern bleiben, sondern es drängt immer zum Tun und damit zum Nächsten. Wir möchten Ihnen ein praktisches Beispiel dafür nennen. In der Presse fanden wir folgende Anzeige:

Durch einen tragischen Unfall verloren wir unsern 19jährigen Sohn, unser einziges Kind. Unerbittlich erscheint uns der wesentliche Inhalt unseres Daseins für die Zukunft ausgelöscht. Vielleicht aber gibt es doch einen sinnvollen Ausweg, wenn sich die Nöte zweier Schicksale verbinden lassen. Darum suchen wir ein vom Schicksal geschlagenes Kind, *ein junges Mädchen*, dem seine Eltern entrissen wurden… Bitte schreiben Sie unter…

Meinen Sie nicht auch, liebe Kursteilnehmer, daß bei diesen schwer geprüften Eltern lange Meditationen und eindringende Zwiegespräche dieser Anzeige vorangegangen sind? Vielleicht haben sie sich in ihren Gedanken bemüht, mit dem Ratschluß Gottes ins Reine zu kommen. Doch blieben diese Gedanken jedenfalls nicht in ihrem Innern stecken (dann wären sie vielleicht nie zu Rande gekommen und hätten fruchtlos um sich selbst gekreist!), sondern sie wurden eben zu dieser Anzeige. Die Eltern meditierten über den Schmerz ihrer Liebe, die einen schrecklichen Verlust zu beklagen hatte.

Doch dabei suchten sie sich eben ein neues Thema für ihre Liebe: ein unglückliches Kind, dem sie ihre Liebe zuwenden könnten. Das ist praktische Meditation. Eine Meditation, die nicht diesen praktischen Bezug hat, wird leicht zur Spinnerei.

In der Nachfolge Jesu bauen wir Wälle gegen diese Mächte des Destruktiven. Wir füllen unseren Geist mit Gedanken, die uns sammeln, statt zu zerstreuen. Darum sollte man in der *Morgenfrühe*, ehe noch die Invasionstruppen der Reize und Eindrücke zum Sturmangriff blasen, ein Wort der Heiligen Schrift langsam lesen. Wer wenig Zeit hat, lese wenigstens den Tagesspruch aus dem kleinen „Losungsbuch der Brüdergemeinde". Das ist dann so etwas wie eine Eiserne Ration für den Tag. Wir können auch in der Bahn, statt nur zu dösen, uns das Vaterunser langsam durch den Sinn ziehen lassen. (Man findet das Vaterunser übrigens im 6. Kapitel des Matthäus-Evangeliums).

Auch die Morgenandachten im Rundfunk sind oft – nicht immer – durchaus empfehlenswert. Selbst wenn sie einmal danebengehen, kann es wenigstens zu einer kritischen Meditation kommen.

Literatur zum Thema

Noch einmal nennen wir Ihnen *die wichtigsten Arbeitsmittel*, wie sie gerade im Sinne des Schlußabschnitts unseres heutigen Briefes von uns empfohlen werden:

An modernen Bibelübersetzungen empfehlen wir:

Jörg Zink, Das Neue Testament, Kreuz-Verlag, Stuttgart.

Ulrich Wilckens, Das Neue Testament mit Kurzkommentaren, Furche-Verlag, Hamburg, Taschenausgabe ohne Kommentar.

Die täglichen Losungen und Lehrtexte der Brüdergemeinde (jedes Jahr ein neuer Band, der auch als Kalender benutzt werden kann), Quell-Verlag, Stuttgart, und Friedrich Wittig Verlag, Hamburg.

Eine ausgezeichnete Übersetzung des Matthäus-Evangeliums, die einen die alten Geschichten ganz neu und wie zum ersten Male lesen läßt, findet sich in dem kleinen

Buch von *Walter Jens*, Am Anfang der Stall, am Ende das Kreuz: Jesus von Nazareth, Kreuz-Verlag, Stuttgart.

Anregend ist auch die mit modernen, beziehungsreichen Fotos ausgestattete „Fotobibel“, Übersetzung des Neuen Testaments im Quell-Verlag, Stuttgart.

Endlich bietet *Jörg Zink* eine vorzügliche Einführung in die Bibel durch einen täglichen, auf eine Buchseite beschränkten Leseabschnitt. Titel: Womit wir leben können. Das Wichtigste aus der Bibel in moderner Sprache, Kreuz-Verlag, Stuttgart.

Auf Wiedersehen!

Wenn wir diesen Lehrkurs, den wir uns vorgenommen haben, nun mit diesem Brief beenden, gehen unsere herzlichen Wünsche mit Ihnen. Wir wissen um die Grenzen dessen, was wir Ihnen sagen können: „Mit unsrer Macht ist nichts getan.“ Der Segen, den wir für Sie erbitten, muß von einem anderen kommen. Wenn wir die Hoffnung, die uns bei diesem Abschied erfüllt, in zwei kurzen Worten zusammenfassen dürfen, dann wären es diese:

Wir hoffen und wünschen Ihnen, daß Sie in den Fragen des Glaubens nun ein wenig klarer sehen und daß ein Prozeß des Nachdenkens bei Ihnen eingesetzt hat.

Und wir hoffen und wünschen Ihnen weiter, daß Sie bei Ihrem Suchen und Nachdenken kein Einzelgänger bleiben, sondern eine Gemeinschaft finden, in der Sie mit Gleichgesinnten über die letzten Fragen unseres Lebens reden und etwas tun können. Wir alle sind dankbar, daß die Arbeit an unseren Glaubensbriefen uns dieses Glück der Gemeinschaft hat zuteil werden lassen. Wir werden auch zusammenbleiben und schmieden schon Pläne für eine neue Aktion. Es wäre schön, wenn Sie auch dann wieder unser Weggefährte sein würden.

Mit einem herzlichen „Behüt Sie Gott!“ verabschieden wir uns von Ihnen.
Ihre Projektgruppe Glaubensinformation

Extra-Brief:

Glauben ja – Kirche nein?

Liebe Kursteilnehmer!
Ein großes Echo erreichte uns – zustimmende, hin und wieder auch kritische, vor allem aber fragende Briefe. Am meisten wurde nach unserer Stellung zur Kirche gefragt, so daß wir über das hinaus, was in Brief 11 gesagt wird, in diesem Extra-Brief auf das Problem Kirche eingehen wollen.

Uns wurde geschrieben

„An die Projektgruppe Volksverdummung" steht auf einer Postkarte, die uns erreichte. Und dann geht es weiter: „Ihr Pfaffen habt schwere Sünden auf euch geladen, denkt an die Hexenprozesse ... die vielen Kriege. Die Pfaffen haben die Kanonen gesegnet ... Jesus ist doch der reinste Schwindel. Es grüßt euch ein Pfaffenhasser."

In einem anderen Brief heißt es: „Ich bin Presbyter (Kirchenvorsteher) einer norddeutschen Stadtgemeinde. Ich bin also willens, in der Kirche mitzuarbeiten. Aber ich habe den Mut verloren ... In unserer Gemeinde ist hinter den Kulissen viel Streit, auch zwischen den Pastoren ... Wie soll man da noch glauben können?"

Und schließlich ein Zitat aus einem dritten Brief: „Ich hatte den Kontakt zur Kirche ganz verloren, obwohl ich eigentlich in mir den Wunsch verspüre, glauben zu können. Aber nun bekam ich Ihre Briefe in die Hand. Sie haben mich wieder dazu gebracht, zur Bibel zu greifen. Zum ersten Mal seit Jahren las ich darin, voll Neugier ..."

Ja, es stimmt leider: Die Institution „Kirche" liegt vielen Schreibern schwer im Magen. Sie kritisieren die Institution „Kirche", sie sind enttäuscht von ihr, ja für viele scheint sie ein störender Felsblock zu sein, der auf dem Weg zum Glauben liegt und das Vorwärtskommen unmöglich macht.

Gottes Bodenpersonal

Wir haben oben drei Leserbriefe zitiert. Der erste repräsentiert die Beschimpfungen, die uns zuteil wurden. Soll man überhaupt auf so etwas eingehen (zumal der Schreiber sich offensichtlich behindert fühlte, auch nur einen einzigen unserer Briefe zu lesen)? Doch, man soll. Immerhin bebt hier ein Mensch vor Zorn! Wir kennen ihn nicht: ganz sicher aber ist er jemand – auch wenn er einige Schlagworte kritiklos nachzusprechen scheint –, der von der Kirche enttäuscht ist. Ein Enttäuschter ist aber immer jemand, der Erwartungen hat oder jedenfalls gehabt hat. Enttäuschte Hoffnungen sollte man nicht einfach verächtlich vom Tisch wischen, auch wenn die Erwartungen des „Pfaffenhassers" an die Kirche wohl offensichtlich utopisch, jedenfalls reichlich verblasen waren.

Sehen Sie: In der Kirche sind nur Menschen. Und wo Menschen sind, geht es menschlich zu. Das „Bodenpersonal des lieben Gottes" ist eben nur Bodenpersonal. Das wird so leicht vergessen, wenn man von der Kirche unbewußt etwas Vollkommenes erwartet, sozusagen eine Vervielfältigung der Gestalt Jesu. Jesus war einmalig. Deshalb kann auch die beste „Kirche" niemals ein Club fehlerloser Heiliger sein. Wer das erwartet, denkt unrealistisch. (Das soll für uns Leute vom „Bodenpersonal" aber nicht der Versuch einer Mohrenwäsche sein. Wir müssen bereit sein, hier manches einzustekken ...) Der zweite und der dritte Leserbrief zeigen aber auch, wieviel *ernsthafte* und *gutwillige* Erwartung in der „Kirche" enttäuscht wird: ein Mann, der neben aller anderen Arbeit sich zu freiwilligem Dienst eingefunden hat, hat den Mut verloren; eine Frau, die gerne glauben möchte, fühlt sich innerhalb der Kirche nicht angesprochen. Und diese drei sind ja keine Einzelfälle. Sie stehen für ungezählte andere, die ärgerlich, verbittert, resigniert sind durch das, was man so „Kirche" nennt.

Es gibt so viel zu tun

Nun kann es Ihnen natürlich ganz anders gehen. Vielleicht haben Sie zu Ihrer „Kirche" ein ungebrochenes Verhältnis. Vielleicht ist in Ihrer Gemeinde wirklich etwas vom Geist Gottes zu spüren. Vielleicht wenden Sie ein: „Aber es gibt doch in jeder Gemeinde Beispiele christlicher Liebe und entschlossenen Einsatzes für andere!" Das ist – Gott sei es gedankt – wahr, und es wäre lieblos, das zu übersehen. Jedes Mitglied unserer Projektgruppe kennt in verschiedenen Gemeinden nicht nur einer Konfession glaubwürdige

Christen, die nach immer neuen Wegen suchen, ihren Glauben anderen vorzuleben und weiterzusagen. Wenn es sie nicht gäbe, würde es sich vielleicht nicht mehr lohnen, in der verfaßten „Kirche“ zu verbleiben. Andererseits machen wir auch immer wieder die Erfahrung, daß es in jeder Gemeinde eine Gruppe von Christen gibt, die vor jeder Reform Angst haben und deshalb alles so lassen möchten, „wie es immer schon war“. Selbstverständlich müssen auch solche Christen ihren Platz in der Kirche haben. Nur sitzen sie leider nicht selten in Schlüsselstellungen. Diese Gruppe hat für lebendige und vorwärtsdrängende – vor allem junge – Menschen etwas Lähmendes: Alle noch so willigen Reformanstöße prallen an ihrem Beharrungswillen ab wie stürmische Wellen an einer unerschütterbaren Kaimauer. Bitte, prüfen Sie sich selbst: Geht Ihre Gemeinde denen nach, die bisher nicht angesprochen wurden? Versucht man, deren Probleme herauszufinden und ernst zu nehmen? Gibt es z.B. in Ihren Gottesdiensten neben dem herkömmlichen „Hauptgottesdienst“ ein „zweites Programm“ und ein „drittes“? Sind Sie (besonders, wenn Sie Pastor sind) sich darüber klar, daß der sogenannte „Hauptgottesdienst“ in vielen Fällen sowohl am sprachlichen wie am musikalischen Empfinden des heutigen Menschen mit einer Gedankenlosigkeit (und Lieblosigkeit!) vorbeigeht, die nachgerade erschreckend ist? Wo wird bei Ihnen die Jugend angesprochen? Wo die aktiven Menschen mittleren Alters? Und vor allem: Können gerade diese ihre Fragen und Wünsche offen zur Sprache bringen? Haben etwaige Mitarbeiter Raum für eigenständiges Handeln, auch an verantwortlicher Stelle? Bisher – Gott sei es geklagt – leidet die „Kirche“ weithin an einem grotesken Unvermögen, Mitarbeiter wirken zu lassen, wie es ihren Gaben und Wünschen entspricht. Bitte, prüfen Sie sich und Ihre Gemeinde.

Aktiv werden hilft

Wenn Sie, der Sie dies lesen, aber auch unter Ihrer Kirche leiden, dann haben Sie in uns Leidensgenossen gefunden. Denn die obige Liste der typischen Fehler der „Kirche“ könnten wir sozusagen im Schlaf noch lange weiterführen: Warum so wenige neue Wege (nicht nur im Gottesdienst), warum so viel Bürokratie und so wenig konkrete Hilfe für die Pfarrer, die „vor Ort“ meistens sehr isoliert kämpfen und sich zerreiben. Warum so wenig Gemeinschaft innerhalb der „Gemeinde der Heiligen“?

Wir kennen unsere Kirche von innen, wir versuchen (wie viele andere auch), mit Sehnsucht und Leidenschaft für die frohe Botschaft Jesu Christi zu kämpfen. Vielleicht leiden wir deshalb noch mehr als mancher von Ihnen. „Na sehen Sie“, sagen Sie jetzt eventuell, „und genau darum werde ich demnächst aus der Kirche austreten. Ich merke, Sie verstehen mich.“ Mag sein, daß wir Sie verstehen. Aber für richtig halten wir Ihre Konsequenz nicht. Um der Kirche willen nicht und auch nicht um Ihretwillen. Denn wenn Sie resigniert die Segel streichen, werden Sie vielleicht für den Rest Ihres Lebens ein enttäuschter, verärgerter Kirchenkritiker bleiben. Wem aber nützt „innere Emigration“? Wo wollen Sie bleiben, wenn Sie das ramponierte Schiff „Kirche“ verlassen? Kein vernünftiger Mann verläßt sein Schiff im Sturm, wenn er kein tragfähiges Rettungsboot hat. Ob es nicht doch besser wäre, mit uns Hand anzulegen, um den Kahn wieder auf Kurs zu kriegen?

Nichts läge uns ferner als der Versuch, aus Ihnen einen angepaßten Kirchensteuerzahler zu machen, der zu allem Ja und Amen sagt. Einfach nur in der Kirche bleiben, in Abwartehaltung (oder in Igelstellung), das hat keinen Wert, weder für Sie noch für andere. Aktiv werden hilft, macht nicht nur Spaß, sondern kann auch die Kirche ändern. Vielleicht wartet Ihr Pastor sehnsüchtig darauf, daß endlich mal einer kommt und sagt: „Guten Tag. Ich störe mich an dem und dem. Können wir nicht darüber reden, wie man es besser machen kann?“

Chance der Gemeinschaft

Wir fürchten allerdings, daß Sie allein nicht weit kommen werden. Wer verändern will, braucht andere, die ihm zur Seite stehen. Die heutige Volkskirche kommt einem oft vor wie eine Herde, die keine Führung mehr hat und – schlimmer noch! – das nicht einmal entbehrt. Die Schafe unserer Konsumgesellschaft haben zu viel gefuttert und dösen abgeschlafft vor sich hin. Wir werden unmöglich den ganzen Haufen auf einmal aufscheuchen können; darüber sind wir uns klar. Deshalb fängt die Erneuerung der Kirche im Kleinen an. Wir müssen mit kleinen Gruppen, mit Zellen beginnen. Auch wir Mitglieder der PROJEKTGRUPPE GLAUBENSINFORMATION haben alle die Erfahrung gemacht, wie wenig man *allein* erreichen kann, wie schnell man dann resigniert. Unsere Gruppe aber schenkt einem neue Möglichkeiten und trägt den einzelnen. Dabei sind drei Aspekte für unsere Gruppe wesentlich: *Rationalität* (theologische Arbeit, Analyse der Situation), *Soziales Handeln* (viele von uns arbeiten in einem Hamburger Gefängnis, um den Häftlingen Halt und Resozialisierung zu erleichtern) und *Emotion.* Das Miteinander muß auch Spaß machen. Wir sind darum neben der gemeinsamen Arbeit auch zu einem Freundeskreis geworden durch Feiern, Treffen und persönliche Kontakte. Dies alles kann Gemeinschaft wachsen lassen. Meinungsverschiedenheiten werden ausgesprochen und (eventuell scharf) diskutiert, Gemeinschaft kann an ihnen reifen. Wir sind nicht so von uns überzeugt, daß wir uns damit als Muster hinstellen möchten. Wir wollen Ihnen nur ein paar eigene Erfahrungen verraten.

Ob nicht auch in Ihrer Gemeinde eine solche Gemeinschaft entstehen könnte, eine Zelle, ein Hauskreis? Vielleicht fangen sie mit drei oder vier anderen an, über ein Thema zu sprechen. (Wenn Sie gar nichts finden sollten, können Sie ja fürs erste auch unsere Briefe gemeinsam lesen und besprechen.) Auf die Dauer brauchen Sie allerdings eine Aufgabe, sonst wird nichts aus dem Unternehmen. Und vergessen Sie das Feiern nicht, denn die Freude gehört dazu.

Ist Ihnen aufgefallen, daß wir das Wort „Kirche" mehrfach in Anführungsstriche gesetzt haben? Wir taten das deshalb, weil der Begriff heute so gebraucht wird, daß niemand recht weiß, wer gemeint ist: vielleicht der Pastor (wenn etwas von der Kirche erwartet wird), vielleicht alle, die Kirchensteuer bezahlen (wenn über das viele Geld der „Kirche" geschimpft wird). Wir verstehen unter Kirche etwas ganz anderes: nämlich alle die, die erkannt haben, daß *Christ-Sein zweierlei bedeutet: Von Gott angenommen zu werden und zugleich wieder einen Auftrag zu bekommen*. Eine Kirche der Tatenlosen ist für die Bibel undenkbar. Jesus sagt: „So wie mich mein Vater gesandt hat, so sende ich euch."

Vielleicht denken Sie: Aber mein Pastor, der will bestimmt nicht. – Warten Sie nicht auf den Pastor. Der hat genug anderes am Hals. Schön, wenn er mitmacht, vielleicht ist er aber auch nicht so erbaut, weil er solche Zusammenarbeit noch nicht erlebt hat. Dann muß es ohne ihn gehen, hoffentlich nicht gegen ihn! Denn nicht der Pastor ist für solche Arbeit notwendig, sondern Jesus Christus. Und der hat gesagt: „Wo zwei oder drei versammelt sind in meinem Namen, da bin ich mitten unter ihnen."

Literatur zum Thema

Thielicke, Helmut, Leiden an der Kirche, Furche Verlag.
Miller, Keith, Christus sieht uns anders, Brockhaus-Paperback.

Und nun verbleiben wir
mit herzlichem Gruß
Ihre Projektgruppe Glaubensinformation

„Projektgruppe Glaubensinformation": Entstehung, Echo, Zukunftspläne

Von Hinrich C. G. Westphal

Wer einen Brief schreibt, sollte sich vorher Gedanken über die Situation seines Empfängers machen. Wer sogar eine ganze Brieffolge über den christlichen Glauben plant, muß in besonderer Weise die Fragen und Erwartungen der Adressaten kennen, die er zu erreichen hofft.

Andererseits sollten auch die Empfänger solcher Briefe wissen, wer sie da mit einem gedruckten Briefkurs informieren will. Sie sollten beispielsweise wissen, wer die „Projektgruppe Glaubensinformation" ist, was für Leute dazugehören, welche Erfahrungen sie gemacht haben und wie sie sich die Zukunft ihrer Arbeit vorstellen.

Ich möchte im folgenden ein wenig davon erzählen:

Anfänge der Projektgruppe

Es ist noch nicht ganz sieben Jahre her, da gründeten einige junge Pastoren, Assistenten und Studenten mit Prof. Thielicke die „Projektgruppe Glaubensinformation".

Sie wollten sich einmal monatlich treffen, um gemeinsam Predigtentwürfe für ihre Gemeinden zu erarbeiten.

Diese intensiven Arbeitsgespräche kamen in der Folge aber nicht nur den Gemeinden zugute, sondern stärkten zugleich den eigenen Glauben der Teilnehmer und das Gemeinschaftsgefühl der Gruppe. Schließlich erwuchs aus dieser Arbeit der Wunsch, neben der alltäglichen Gemeindearbeit eine große Verkündigungsaktion zu planen. Mit ihr wollten die jungen Theologen auch in verstärktem Maße diejenigen erreichen und ins Gespräch ziehen, die sonst nur selten oder gar nicht zu den Kirchenbesuchern zählten.

So lud die „Projektgruppe Glaubensinformation" im Oktober 1971 durch Presse, Plakate und Prospekte zu einer zehnteiligen Vortrags- und Diskussionsserie in die St.-Michaelis-Kirche, den bekannten Hamburger „Michel", ein.

An zehn Abenden hielt Prof. Thielicke Referate über zentrale Themen des christlichen Glaubens.

Etwa ein Drittel der jeweils bis zu 2000 Zuhörer verteilte sich anschließend in zehn verschiedene Diskussionsgruppen.

Eine Umfrage der Projektgruppe ergab, daß die Gesprächsteilnehmer in den Gruppen zu 27% Kirchenfremde, zu 44% Männer, zu 30% unter 25 und zu 16% über 60 Jahre alt waren.

Bei dieser für kirchliche Verhältnisse etwas ungewöhnlichen Zusammensetzung überraschte auch die gegenseitige Hör- und Lernbereitschaft der Generationen.

Wenn es nämlich in den Gruppen zu lebhaften Auseinandersetzungen kam, dann weniger zwischen alt und jung als vielmehr zwischen Kirchenfremden und engagierten Christen. Hier war – wie oft – ein besonderer Lernprozeß vonnöten: Die einen mußten freimütig ihre Skepsis aussprechen und ihre Vorurteile überprüfen, die anderen aber ihre oft formelhaften Bekenntnisse verständlich machen. So wuchs mit dem Fortschreiten der Serie in vielen Gruppen das Verständnis der Teilnehmer füreinander.

Jugendhilfe

Wer Gespräche über den Glauben führt, darf aber das Handeln dabei nicht außer acht lassen. Um zu verdeutlichen, daß der christliche Glaube *den ganzen Menschen* in seinem Denken, Fühlen und Handeln erfassen will, rief die Projektgruppe während ihrer Veranstaltungen eine Aktion zur Unterstützung sozial gefährdeter Jugendlicher ins Leben. Mit dieser Initiative erreichte sie große öffentliche Aufmerksamkeit, viele Spenden und einen Kreis ehrenamtlicher Mitarbeiter, von denen einige auch heute noch für die Gruppe tätig sind.

Als das Michel-Projekt im März 1972 beendet wurde, führten manche Gemeinden an verschiedenen Orten diese Arbeit fort.

Die Projektgruppe aber plante nach diesen ersten gemeinsamen Erfahrungen bereits eine neue Aktion, in der sie Glauben und Handeln modellhaft verbinden konnte.

Gefangenenarbeit

„Die Himmelskomiker kommen!" Mit dieser plakativen Ankündigung warben einige Gefangene der Haftanstalt Neuengamme im Frühjahr 1972 für die Ankunft der Projektgruppe. Glaubensinformation im Knast hat ihre eigenen Probleme. Will man hier hörerbezogen reden, muß man insbesondere die Gettosituation der Gefangenen zum Gegenstand seines Denkens und Handelns machen.

So hielten verschiedene Projektgruppenmitglieder vor den Gefangenen vierzehntäglich Kurzreferate, denen sich Gruppengespräche und Einzelgespräche anschlossen.

Und aus den Einzelgesprächen ergaben sich wiederum monatelange Kontakte mit allen Konsequenzen persönlicher Betreuung, wie Abfassen von Gnadengesuchen, Familienunterstützung, Wohnungssuche, Arbeitsbeschaffung oder die Aufnahme von Urlaubern in die Wohnungen der Studenten.

Heute, nach über drei Jahren, ist die Projektgruppe mit ihren Kurzansprachen über Glauben, Aggressionen oder Resozialisierung, mit ihren Gesangs- und Spielabenden und mit den Weihnachtsfeiern für Gefangene oder Beamte schon fast ein fester Bestandteil des Anstaltslebens geworden. Zusätzlich beschäftigt sich ein Gefangenenkreis und eine Band mit der Vorbereitung von Gottesdiensten in anderer Form.

Theologische Begründung

„Reden von Gott im Knast" – manch einer mag das mit Verwunderung registrieren. Die Projektgruppenmitglieder verstehen ihren ehrenamtlichen Einsatz aber als konsequenten Vollzug ihres theologischen Ansatzes.

Denn gerade den Gefangenen, deren Würde in den Augen vieler nichts mehr wert ist, gilt die fremde Würde, die Gott *jedem* Menschen verliehen hat.

Gerade die Gefangenen, denen fast täglich jedes Vertrauen abgesprochen wird, haben Annahme und Vertrauen bitter nötig. Wenn ihnen Christen mit solchem Vertrauen begegnen, dann könnte sie das bewegen, auch ihrerseits ein neues Vertrauen Gott und den Mitmenschen gegenüber zu wagen.

Diese Sicht der Projektgruppe stößt freilich bei ihrer Umsetzung in die Praxis auf Hindernisse, in der Haft, in dem Milieu und in der Gesetzgebung.

Darum muß christliches Vertrauen hier auch strukturell wirksam werden, muß versuchen, Mißstände des Strafvollzuges zu verändern und Neues anzuregen.

Christliches Vertrauen muß ein wirksamer Protest gegen den Versuch werden, den Menschen nur auf seine biologische und soziale Herkunft und auf sein Leistungsvermögen festzulegen. So versucht die Projektgruppe, ihre christliche Überzeugung auch in der Zusammenarbeit mit Gefangenenvertretung und Gefängniszeitung, in politischen Informationsveranstaltungen oder notfalls auch in Auseinandersetzungen mit den Justizorganen zu konkretisieren.

Mitarbeiter

Wer sich ehrenamtlich in der Gefängnisarbeit engagieren will, muß abschreiben können: Zeit, Geld, Nerven und Kräfte. Wo eine Gruppe von vielen Studenten getragen wird, da entsteht überdies zwangsläufig eine starke Fluktuation der Mitarbeiter. Das ist sowohl für die Betreuungsaufgaben als auch für den Zusammenhalt der Gruppe selber ein Problem.

Auf geselligen Abenden und regelmäßigen Schulungsveranstaltungen versucht die Projektgruppe, ihre Neuzugänge in Arbeitsweise und theoretischen Hintergrund der Aufgaben einzuführen. Nicht jeder Student ist beispielsweise bereit, Sozialarbeit thematisch vom Glauben her bestimmt zu sehen und sich in den Rahmen der Glaubensinformation einzufügen. Viele denken eher an eine vom Christentum emanzipierte Sozialarbeit „an sich". Wenn aber das Selbstverständnis der Projektgruppe auch in manchen Studentenkreisen mißverstanden und angegriffen wird, so scheint es doch nicht von ungefähr so zu sein, daß mehrere andere Gefängnisgruppen mit, sagen wir einmal: „vorletzter" Motivation trotz weitreichender politischer Ambitionen ihre Arbeit bald eingestellt haben. Zumindest legt das bei aller Vorsicht der Beurteilung die Frage nahe, ob nicht doch auf die Dauer ein Glaube, der sich einer letzten Instanz verbunden weiß, seine Träger in einer besonders vielschichtigen und tiefgreifenden Weise erfassen und bestärken kann.

Der Briefkurs

„Gott kommt per Brief ins Haus" meldete eine Schlagzeile der BILD-Zeitung am 26. September 1973 als „Thema des Tages", während Rudolf Walter Leonhardt ZEIT-gemäß mit der Überschrift „Für uns Randsiedler" sekundierte.

Was die Projektgruppe im Predigtkreis vorausgesetzt und was sie im Michel und im Gefängnis erfahren hatte, das wollte sie nun überregional beantworten: das Interesse der Zeitgenossen an Informationen und Gesprächen über Gott.

Informieren wollte man mit einem Briefkurs in monatlichen „Portionen", um den Lesern ohne äußere Verbindlichkeiten doch das Gefühl einer persönlichen Anrede zu geben.

Um auch die der Kirche Entfremdeten auf diesen Fernkurs aufmerksam zu machen, startete man mit einer großen publizistischen Offensive. Eine Vielzahl von Gruppeninterviews in den Tages- und Wochenzeitungen, Presseagenturen und Rundfunkanstalten machte unter dem Spruch „wer glaubt, denkt weiter" auf die Aktion aufmerksam. Dieser Spruch mit seinen vielfältigen Deutungsmöglichkeiten sollte angesichts des Vorurteils, daß der Glaube das Denken ausschalte, bewußt herausfordernd wirken.

Daß die Provokation gelungen ist, zeigt neben vielen tausend Bestellungen eine Fülle von neugierigen, dankbaren, fragenden und gelegentlich auch aggressiven Leserbriefen.

So reagieren manche Zeitungsleser gereizt, wenn sie etwa wie der folgende schreiben: „Wir lesen in der Zeitung über Ihren Fernkurs in Glaubensfragen und fragen Sie: Was soll das noch? Ist das nicht eine neue Form von Volksverdummung? Passieren nicht genug Katastrophen, Unglücke und Verbrechen auf der Welt? Wo ist da Gott? Wo ist Christus? Wer hilft den vielen notleidenden Menschen, wenn sich der Mensch selbst nicht hilft? Was reden Sie dann noch von Glaubensinformation?!" Genau diese Fragen will die Projektgruppe beantworten, nur bleiben solche Briefschreiber leider meistens anonym. Interessierter an einer Antwort zeigt sich ein Strafgefangener in seinem Brief, wenn er schreibt: „Wer glaubt, denkt weiter: Eben dieser Satz, diese vier Worte lassen mich aufhorchen. Genau dieser Wortlaut fiel bei der Diskussion in unserer Anstalt. Verschiedene sind der Meinung, wenn ich glaube, dann ruhen die grauen Zellen. Lassen Sie mich mehr darüber erfahren!" Daß die Briefe von vielen Lesern auch zur „Unterstützung bei der Argumentation" bestellt wurden, drückt eine Lehrerin aus: „Da die aufgeführten Themen auch seit langem die Fragen meiner eigenen Kinder, meiner Schüler und nicht zuletzt meine eigenen sind, könnten uns diese Informationen über den Glauben vielleicht weiterhelfen."

Natürlich antworten nicht nur Kirchenfremde, sondern auch eine Vielzahl von Christen, die selbst Fragen und Probleme mit ihrem

Glauben haben. Unter ihnen auch alte Menschen, die sonst wenig Möglichkeiten haben, über ihre Glaubenszweifel zu sprechen: „Das ist eine wundervolle Idee, mit ihren Briefen diejenigen anzusprechen, die Verlangen nach religiöser Diskussion haben. Ach, ich habe auch so viele Fragen: Hat Gott die Schreiber der Bibel erleuchtet? Ist die Geschichte mit dem Sündenfall ein Märchen? Es fällt mir auch schwer, zu glauben, daß Jesus für uns gestorben sein soll und manches andere mehr. Ich bin eine alte Frau und liebe meinen Heiland schon mein ganzes Leben. Ach, bitte helfen Sie mir doch aus meinen Zweifeln und Unsicherheiten heraus."

Solche Hilferufe finden sich in der Leserpost der „Projektgruppe Glaubensinformation" genauso wie die Karte eines jungen Mannes: „Ich bin 19 Jahre alt, allein, ohne Freunde, mit Eltern, die keinen Sohn mehr haben wollen, und in einer fremden Großstadt. Ist das der Sinn des Lebens...?"

Einzelbezieher der Briefe

Die Rundfunk- und Zeitungsinterviews, die Anzeigen, Plakate und Prospekte der Projektgruppe erreichten also eine große Zahl von Interessierten. Bis heute haben – neben den Mengenbeziehern, von denen gleich noch berichtet wird – 20000 Einzelbezieher den Briefkurs bestellt und daraufhin monatlich einen Brief zugesandt bekommen.

Eine statistische Prüfung des Adressenmaterials ergab, daß 59,7% der Leser Männer sind; eine Gruppe also, die in Glaubensfragen als schwer ansprechbar gilt.

55% der Leser wohnen in Großstadtgebieten. Der Anteil der Akademiker ist im Vergleich zum Bundesdurchschnitt ungewöhnlich hoch und weist eine große Zahl von Ärzten, Lehrern und Rechtsanwälten auf. Wenn sich die Projektgruppe auch die Mühe äußerster Einfachheit und theologischer Unschulmäßigkeit gemacht hat, so werden die Briefe leider doch von manchen als zu intellektuell empfunden, was ja auch die Statistik zu belegen scheint.

Da aber die Entwicklung der weitverbreiteten Skepsis gegenüber dem Glauben bei den Gebildeten begann, sollte nun auch die Treppe zunächst einmal „von oben nach unten" gewischt werden. Die Projektgruppe wendet sich also mit dem Medium „Glaubensbriefe" bewußt an Leute, die es gewohnt sind, Texte zu lesen. Die ersten Erfahrungen scheinen ja auch tatsächlich die These zu bestätigen, daß damit eine „Marktlücke" kirchlicher Arbeit getroffen wurde.

Das bekräftigen auch die vielen Leserbriefe, die in dem Hamburger Büro der Projektgruppe eingehen und in einer Problemkartei eine erste grobe Klassifizierung erfahren.

Die mit Abstand meisten Leserfragen betreffen die Institution Kirche und ihre Glaubwürdigkeit auf finanziellem und personellem Gebiet, so daß sich die Projektgruppe daraufhin zu dem Extra-Brief mit dem Titel „Glauben ja – Kirche nein?" veranlaßt sah, in dem sie den Lesern Mut zu eigenen innerkirchlichen Initiativen machen will.

Das Echo auf diesen Brief ist lebhaft. So schreibt ein Leser: „Sie treffen mit der Schilderung desjenigen, der heute versucht, in der Kirche und der Gemeinde mitzuarbeiten, den Nagel der Schwierigkeiten genau auf den Kopf. Ich begrüße es, daß Sie trotz dieser Schwierigkeiten Mut machen, weiter auch im örtlichen kirchlichen Leben mitzuarbeiten und nicht nachzulassen ..." Ein anderer Leser meint: „Ich habe mir als Kirchenvorsteher schon oft den Austritt aus der Kirche überlegt. Initiativen wie Ihre halten einen zurück und machen Mut weiterzuarbeiten."

Briefbeantwortung

Neben dem Extrabrief wurden die Leserfragen von ca. 70 in der Bundesrepublik verteilten Korrespondenzhelfern persönlich beantwortet, um einen möglichst direkten Kontakt zum Leser herzustellen. Manche Leser reagierten auf diese persönliche Behandlung überrascht: „Ich habe der Projektgruppe eigentlich nur aus Neugierde geschrieben, sie interessierte mich eben ... Ich hatte nicht damit gerechnet, Gegenstand einer Spezialfürsorge zu werden. Ich bin überrascht, fast möchte ich sagen: Ich bin bewegt, daß Sie sich die Mühe gemacht haben."

Auf der anderen Seite berichtet einer der Korrespondenzhelfer der Projektgruppe über derartige Kontakte mit Lesern: „Ich kann Ihnen nur mitteilen, daß sich ein ausgesprochen reger Briefwechsel ergeben hat, der sehr erfreulich ist, und ich die Erfahrung machte, daß hinter allen ausgesprochenen Nöten, in Fragen des Glaubensbekenntnisses zum Beispiel, oft ganz persönliche Schwierigkeiten und Lebenskonflikte stehen."

Freilich darf solch ein Beantworternetz nicht darüber hinwegtäuschen, daß auch diese Art der Glaubensinformation kaum den *ganzen* Menschen erfassen kann, sondern sich vornehmlich auf der geistigen Ebene abspielt. Es ist aber das erklärte Ziel der Projektgruppe, die Leser zu gegenseitiger Kontaktaufnahme und zur Gruppenbildung zu ermutigen.

Ein Versuch, den Einzelleser in dieser Richtung stärker ins Gespräch zu ziehen, stellt die Einladung zu Tagungen dar, wie sie in Kurhessen und Württemberg erstmals praktiziert wurde. In Württemberg hatte das Amt für missionarische Dienste zu solch einem ersten Treffen der Einzelleser eingeladen. Die 28 Teilnehmer sollen zum Großteil „Akademiker in leitenden Positionen, Studenten, Beamte und Lehrer“ gewesen sein, mit einem Durchschnittsalter von 35 Jahren. Insgesamt waren die Teilnehmer „mehr von außen kommend und nicht in kirchlicher Tradition wurzelnd“, sondern hatten vielmehr „einen kritischen Kontakt zur Kirche“. Der Veranstalter charakterisierte die Atmosphäre der Diskussionen folgendermaßen: „In dem Gesprächsgang zeigte sich eine absolute Offenheit, in der Zweifel und Blockierungen genauso offen ausgesprochen werden konnten wie sachlich begründete Zeugnisse anderer Teilnehmer, die auf die geäußerten Zweifel eingingen.

Insgesamt ein guter, fast spannender Verlauf, der uns ... veranlassen wird, über weitere Planungen solcher Treffen nachzudenken.“

Inzwischen haben sich auch schon in anderen Bundesländern ähnliche Zusammenkünfte mit guten Gesprächen ergeben, aus denen ein junger Teilnehmer das Fazit zog: „Soviel kann ich heute sagen: Es wäre schade, wenn die Kirche vor die Hunde ginge.“

Mengenbezieher der Briefe

Wer sich an Zweifler und Fernstehende wendet, wer Suchenden suchen helfen will, der spricht damit auch zugleich diejenigen an, die sich schon länger zu den praktizierenden Christen zählen. Gerade sie brauchen ja immer wieder Rückenstärkung für ihren eigenen Zweifel, der in ihrer Kirche viel zu selten zum Thema gemacht wird. Und so erreichte die Projektgruppe eine Flut von Bestellungen aus dem kirchlichen Raum. Bis heute erhalten 230000 Leser die Briefe in über 5300 Gemeinschaften und lassen sie in über 40 verschiedenen Arbeitsfeldern meist gezielt zum Einsatz kommen.

Rund 10% der Bezieher gaben über Einsatz und Anwendungsmöglichkeiten der Briefe Bericht. Daraus geht hervor, daß die Kurse in folgenden Arbeitsbereichen am häufigsten eingesetzt wurden:
33% arbeiteten damit in Mitarbeiterkreisen,
30% bei Besuchsdiensten,
25% in Kirchenvorständen und Presbyterien,
21% in Hauskreisen,
20% im Religionsunterricht verschiedener Schularten,
18% in Jugendkreisen,
11% in Gemeindeseminaren.

Es fällt auf, daß in den klassischen Arbeitsbereichen der Kirche, wie Bibelstunden, Frauen- und Männerkreise, weniger auf die Briefe zurückgegriffen wird, dagegen scheint man auch in ökumenischen Arbeitskreisen, Studentenarbeit, Gefangenenseelsorge oder Teestubenarbeit von dem Kurs Gebrauch zu machen.

Da schreibt beispielsweise ein Schüler an die Projektgruppe: „Mir ist zufällig einer Ihrer Briefe in die Hände gekommen, und ich habe in der Schule ein Referat darüber gehalten. Der Lehrer und die Schüler waren beeindruckt, wir haben eine lange Diskussion geführt. Nun haben wir den Lehrer dazu 'rumgekriegt, daß wir Ihre Briefe im Deutschunterricht durchnehmen." Es soll hier nicht der Ort sein, aus der Fülle ausführlicher Erfahrungsberichte eine Reihe von Schilderungen zu zitieren. Immerhin soll noch kurz auf einen weiterführenden Versuch hingewiesen werden, den eine hannoversche Kirchengemeinde in Zusammenarbeit mit der Projektgruppe startete. Sie führte nach intensiver Vorbereitung eine Vortrags- und Diskussionsreihe durch, die an den Themen der Briefe entlangging. Jeder Teilnehmer dieser Veranstaltungen bekam die jeweiligen Briefe mit der Bitte zugesandt, sich für die Gesprächsabende darauf vorzubereiten.

Bei diesem Unternehmen wurden von dem vorbildlich eingesetzten Team der Gemeinde Elemente des Michel-Projektes aufgegriffen und für die örtliche Situation zugeschnitten und weiterentwickelt. Hieran wird natürlich auch deutlich, daß die Briefe allein meistens nicht genügen. Sie bedürfen vielmehr einer methodischen Begleitung und einer Hilfestellung zur Gruppenanwendung.

Gemeinschaft

Eine Gruppe mit vielen Aktivitäten kann sich selbst vor lauter Betriebsamkeit so sehr verausgaben, daß sie ihren inneren Bezug verliert und zur Fassade erstarrt. Sobald aber das Thema, das man anderen vermitteln will, nicht mehr in der Mitte des eigenen Gemeinschaftsvollzuges steht, treten unter der Hand vorletzte Instanzen und ihre allzumenschlichen Kriterien an seine Stelle und verwandeln die „Freiheit der Frucht" in den „Zwang zum Erfolg".

Um dieser Entwicklung zu wehren, legt die Projektgruppe bei ihren Zusammenkünften auf biblische Meditation und Gebete Wert oder trifft sich zu „Liebesmahlen" und theologischen Gesprächskreisen. Erst dieser gemeinsame Glaubensvollzug ist die Basis, auf der eine Gruppe von so unterschiedlich begabten, bekannten und belasteten Leuten sich treffen kann.

Erst eine Gemeinschaft, deren Mitglieder sich „höheren Orts" und gegenseitig angenommen wissen, in der also der persönliche Ehrgeiz in den Hintergrund treten darf, kann sachlich agieren und inhaltlich überzeugen. Mit dieser gemeinsamen Bindung kann auch die Einübung von Freude und das Feiern einen viel tieferen Grund bekommen, weil gegenseitiges Vertrauen und Offenheit in den letzten Dingen auch in den fröhlichen Dimensionen des Gemeinschaftsvollzuges einen Freiraum schaffen kann.

Teamwork

Eine Gemeinschaft zu sein und eine Gemeinschaft darzustellen ist nicht immer dasselbe. So scheint es immer noch manchen Leuten und Presseorganen schwerzufallen, sich die gute Zusammenarbeit zwischen Prof. Thielicke und den jungen Projektgruppenmitgliedern konkret vorzustellen.

Natürlich spielt der Theologe Thielicke in der Gruppe eine sehr wichtige Rolle, aber er spielt sie *in* der Gruppe und nicht vor oder über ihr. Es ist tatsächlich erstaunlich, wie sich die jungen Mitglieder und der bekannte Solist zu echter Kooperation und freundschaftlichem Umgang zusammengefunden haben, um der gemeinsamen Verkündigungsaufgabe größtmögliche Effektivität zu sichern.

Die persönliche Verbundenheit in Arbeit, Feiern oder Urlaub, das allen gemeinsame Engagement für die Sache des Glaubens und die gegenseitige Fähigkeit, eigene Irrtümer einzusehen, hüten die Initiativgruppe vor formalistischem Leerlauf und ernsthafter Konfrontation. Trotz gewisser unterschiedlicher Akzentuierungen trafen sich die Theologen der Projektgruppe auch bei der Abfassung der Briefe in den fundamentalen Fragen immer wieder auf einem Nenner.

Das wird auch bei der Strukturierung des Gesamtprojektes deutlich: Weder der Rückzug auf die Innerlichkeit der Person noch die Verabsolutierung der Strukturen sind für sie Alternativen. Folgerichtig legt die Projektgruppe bei ihrer Glaubensinformation besonderen Wert auf die theoretische *und* praktische, die lehrende *und* soziale, die betreuende *und* verändernde Ausrichtung ihres Verkündigungsmodells.

Institution

Wenn eine junge Initiativgruppe in unserer volkskirchlichen Landschaft entsteht, wird sie sogleich mit einer Fülle ungelöster Fragen und Probleme überschüttet und an deren prompter Erledigung gemessen.

Aber gerade wenn sie wie die Projektgruppe ausschließlich von ehrenamtlichen Mitgliedern getragen wird, muß sie ihren Anspruch erheblich einschränken, wenn sie nicht an Überbelastung scheitern will. Sie muß ihre Hände für das Eigentliche freibehalten und alle inhaltsfremden Aufgaben an schon bestehende institutionelle Großgruppen zu delegieren versuchen.

Dementsprechend hat die „Projektgruppe Glaubensinformation" den Briefversand einer Versandstelle übergeben und fast alle finanziellen und verwaltungstechnischen Aufgaben an kirchliche Institutionen abgetreten, von denen sie neben den Leserspenden auch finanzielle Unterstützung erhält.

Um selbst nicht zu einer serienproduzierenden Institution zu werden, will die Projektgruppe nach diesem Briefkurs auch etwas Neues beginnen: Sie will versuchen, ihren theologischen Ansatz sowie ihre Erfahrungen in die Gemeindesituation zu übertragen und dort gewissermaßen viele kleine Projektgruppen zu schaffen.

Vorüberlegung

Unsere Kirchengemeinden sind Organisationsformen, die in einer Größe bis zu 10000 Mitglieder schwerlich noch intakte christliche Gemeinschaften sein können.

Dabei haben gerade Christen eine tiefe Möglichkeit, liebende Gemeinschaften zu verwirklichen. Sie sollten darum die Chance ergreifen, unter dem großen Dach der Volkskirche viele verschiedene Nester entstehen zu lassen, die gegen Anonymität und Beziehungslosigkeit unserer Zeit die entschwindende Nestwärme des Ganzen an ihrem Ort wiedergewinnen.

Schon wo sich zwei oder drei an der Sache Interessierte versammeln, um zusammen theologisches Nachdenken, gottesdienstliches und soziales Handeln sowie gemeinschaftliche Erfahrungen zu vollziehen, da werden ihre eigenen Glaubenszweifel gemeinsam getragen und wird die Gewißheit ihres Glaubens gegenseitig gestärkt.

Wo sie dabei lernen, ihren Glauben in die Sprache des Zweiflers zu übersetzen, da werden sie dann ihren Nachbarn, Freunden und Berufskollegen mitunter viel glaubwürdiger als die hauptamtlichen Prediger vermitteln können, was Glaube austrägt. Wo schließlich solche Gruppen mit Festen, Feiern und Fröhlichkeit der Einübung biblischer Freude einen wichtigen Platz einräumen, da wird eine große Ausstrahlung und Anziehungskraft von ihnen ausgehen.

Konsequenzen

Bei dieser allgemeinen Erkenntnis soll auch die neue Aktion der Projektgruppe einsetzen. Ihre Mitglieder wollen in ihren Gemeinden Zellen ins Leben rufen, die in Verkündigung, Gemeinschaft und sozialem Einsatz eine neue Form christlicher Gemeindebildung verwirklichen. Darum darf solch ein neues Projekt auch von Beginn an keine Soloaktion des Pfarrers sein, sondern sollte in der Verantwortung eines kleinen Initiatorenkreises liegen, der schon die Einladung potentieller Teilnehmer vornimmt.

Die Projektgruppe sieht in der persönlichen Ansprache junger Eltern und in ihren Fragen nach religiöser Kindererziehung ein gutes Auswahlprinzip und einen entsprechenden Anknüpfungspunkt. Wo junge Eltern sich in geselliger, offener Atmosphäre über die religiöse Erziehung ihrer Kinder unterhalten, da kommen unweigerlich auch ihre eigenen Lebens- und Glaubensfragen ins Gespräch.

Die Aufgabe der Hamburger Projektgruppe gegenüber solchen Gesprächskreisen könnte dabei eine zweifache sein:

einmal wird sie ihnen thematisch in die Hände arbeiten müssen und neben den schon vorhandenen Glaubensbriefen in besonderer Weise Gesprächsmaterial zur religiösen Kindererziehung erarbeiten,

zum anderen wird sie diese Basisgemeinden methodisch und personell unterstützen müssen, beispielsweise durch Erfahrungsberichte anderer Gruppen, „mobile Einsatzkommandos“ von Referenten oder Freizeiten für die Mitglieder der Gruppen.

Wenn dann die Gruppen am Ort erst einmal eine entsprechende Konsolidierungsphase durchgemacht haben, sollten sie auch in der Lage sein, in ihre Gemeinde weiterzugeben, was sie erlebt haben, und auf diese Weise neue Gruppen zu gründen.

Kirche der Zukunft

Die Kirche kann nur von innen und von unten durch die Schaffung von verbindlicheren Gemeinschaften mit neuem Leben erfüllt werden. Wir brauchen sehr viele aktive Kerngruppen, die gar nicht immer und unbedingt vom Pastor initiiert werden müssen. Solche Gruppen können vielmehr aus freier Initiative entstehen und als Hauskreise, Seminare, Aktionsgruppen, Freundestreffen, Arbeitsteams, Bibelgruppen oder Gesprächskreise in lebendigem Wildwuchs ein Netz der Vielfalt über unsere volkskirchliche Landschaft spannen.

Auch das Projekt Glaubensinformation ist auf dem Wege dahin nur *ein* bescheidener Versuch unter vielen, christlichen Glauben in dieser Welt zu leben und zu verkündigen.

Er wird sich wie alle ähnlich gelagerten Experimente der Gefahr der Kopflastigkeit bewußt bleiben müssen, die die Einheit von Denken, Fühlen und Handeln zugunsten eines der genannten Aspekte auflöst.

Er wird wie alle derartigen Versuche der Hilfestellung der verfaßten Kirche bedürfen.

Noch mehr aber bedarf diese Initiative des Herrn der Kirche, denn ohne ihn können wir nichts tun.

Helmut Thielicke

Das Lachen der Heiligen und Narren

Herderbücherei Band 491 · 144 Seiten, 2. Auflage

Der befreiende Humor ist der ernsthaften Diskussion gewichen. Der Welt und auch den Christen scheint das Lachen verlorengegangen zu sein. Der Autor wirft deshalb die Frage auf, ob sich hinter der Unfähigkeit zu lachen nicht der Verlust an Glaubensfähigkeit verbirgt; denn gerade dem Christen dürfte im Zeichen der Hoffnung der Humor nicht ausgehen. – Ein großartiges Plädoyer für jene elementare Heiterkeit, die so viele Konflikte lindern und lösen könnte.

Theologisches Denken und verunsicherter Glaube

Herderbücherei Band 506 · 128 Seiten

In einer aufsehenerregenden Predigtserie zeigt Helmut Thielicke seinen Zuhörern, daß der Theologe ein Partner des angefochtenen Christen ist, wenn er seine Fragestellungen, seine Betroffenheit von der Botschaft Jesu teilt. Der Leser ist eingeladen, an diesem Experiment eines Professors und Predigers teilzunehmen.

in der Herderbücherei